Impuestos, Regulaciones y Fundamentos Legales de las Criptomonedas

Mantente en Cumplimiento, Evita Sanciones y Comprende las Normas Fiscales Globales Sobre las Criptomonedas

Por Joe Correa

Publicado por Live Stronger Faster

Primera Edición

Tabla de Contenido

Introducción

Las criptomonedas pueden ser descentralizadas, globales y digitales, pero no están exentas de impuestos ni regulaciones. A medida que la adopción cripto crece y miles de millones de dólares se trasladan a este nuevo sistema financiero, los gobiernos de todo el mundo están endureciendo su control. Quieren su parte — y se están volviendo más inteligentes, rápidos y agresivos para recaudarla.

Este libro es tu guía esencial para mantenerte en cumplimiento, legalmente protegido y financieramente seguro como inversor o emprendedor en criptomonedas. Ya sea que estés comprando Bitcoin por primera vez, haciendo trading diario de altcoins, generando ingresos pasivos mediante staking o construyendo una startup Web3, los impuestos formarán parte de tu recorrido cripto. Y dependiendo de tu país, esos impuestos pueden ser mínimos... o absolutamente devastadores.

Comenzaremos desmitificando cómo se clasifican las criptomonedas a efectos fiscales, porque no son una sola cosa. Pueden considerarse propiedad, ingresos, ganancias de capital o incluso transacciones de trueque, dependiendo del contexto. Luego exploraremos las implicaciones fiscales de diferentes actividades: trading, HODLing, minería, staking, préstamos, NFTs y mucho más.

Aprenderás sobre obligaciones esenciales de reporte — como la presentación del Formulario 8949 del IRS en Estados Unidos o documentos equivalentes en otros países — y los riesgos de no cumplir con ellas. También analizaremos qué hacer si ya has cometido errores: reportes omitidos, billeteras perdidas o ingresos no declarados. Aún hay esperanza, pero el tiempo es importante.

Después, desglosaremos los países más favorables (y más hostiles) en materia fiscal para inversores en criptomonedas y nómadas digitales. Ya sea que estés pensando en mudarte, crear una DAO o lanzar un token, la jurisdicción puede determinar tu éxito o fracaso. Explicaremos qué países ofrecen 0% de impuestos sobre ganancias de capital, visas cripto y leyes progresistas para blockchain — y cuáles deberías evitar si valoras la privacidad y la rentabilidad.

Finalmente, exploraremos los marcos legales emergentes que están dando forma al futuro: cumplimiento KYC/AML, monedas digitales de bancos centrales (CBDCs), regulación DeFi y leyes de valores que podrían convertir tus tokens favoritos en posibles responsabilidades legales.

Este libro no solo te protegerá de problemas fiscales – también te permitirá utilizar estratégicamente las reglas tributarias a tu favor. Con la estructura y previsión adecuadas, podrás minimizar impuestos legalmente, operar globalmente y conservar una mayor parte de lo que ganas.

Bienvenido al lado legal de las criptomonedas. Desmitifiquémoslo juntos — y transformemos tu conocimiento en poder, seguridad y riqueza a largo plazo.

Capítulo 1: Cómo Se Clasifican las Criptomonedas a Efectos Fiscales

Criptomonedas pueden parecer dinero digital, pero desde una perspectiva fiscal, son cualquier cosa menos eso. En la mayoría de las jurisdicciones, las criptomonedas no se consideran moneda — se clasifican como propiedad, activo o incluso ingreso, dependiendo de cómo se utilicen. Comprender estas clasificaciones es fundamental para mantenerse en cumplimiento y evitar sanciones. Exploremos cómo diferentes países abordan la tributación de las criptomonedas y qué significa esto para el uso personal y empresarial de los activos digitales.

En Estados Unidos, por ejemplo, el Servicio de Impuestos Internos (IRS) clasifica las criptomonedas como propiedad. Esto significa que comprar, vender o intercambiar criptomonedas genera un evento de ganancias de capital, similar a vender acciones. Si mantienes Bitcoin y lo vendes con ganancias, debes reportar esa ganancia. Por el contrario, si vendes con pérdidas, puedes deducir esa pérdida para compensar ganancias en otros lugares. Esto crea un evento imponible cada vez que utilizas criptomonedas — incluso para algo tan pequeño como comprar una taza de café.

Pero esa no es la única clasificación. Si recibes criptomonedas como pago por servicios (por ejemplo, trabajo independiente o ventas comerciales), se consideran ingresos y se gravan según tu tasa regular de impuesto sobre la renta. Si minas criptomonedas, el valor justo de mercado de las monedas el día en que las recibes se considera ingreso ordinario. De manera similar, las recompensas por staking, los airdrops y los rendimientos DeFi generalmente también se gravan como ingresos — a veces incluso antes de convertirlos en dinero fiduciario.

Las cosas se vuelven más complejas cuando comienzas a utilizar aplicaciones descentralizadas (dApps), NFTs o participas en pools de liquidez. En muchos casos, estas acciones generan eventos imponibles incluso si no has "retirado" dinero. Por ejemplo, intercambiar un token por otro — como ETH por DAI — se considera una disposición y debe calcularse la ganancia o pérdida correspondiente. Incluso si no retiras fondos, si tus criptomonedas generan intereses o recompensas, el IRS quiere saberlo.

Otros países adoptan enfoques diferentes. Alemania, por ejemplo, trata las criptomonedas como dinero privado y permite ventas libres de impuestos después de un período de tenencia de un año. Portugal actualmente no aplica impuestos sobre ganancias de capital para beneficios individuales provenientes de criptomonedas. Mientras tanto, India impone un impuesto fijo del 30% sobre todas las ganancias cripto, sin permitir compensar pérdidas. Estas diferencias significan que el lugar donde vives — o donde estableces tu residencia fiscal — tiene un enorme impacto.

La clasificación fiscal también afecta la manera en que realizas el seguimiento de tus transacciones cripto. En sistemas basados en propiedad, necesitas registrar la base de costo, el período de tenencia y el valor justo de mercado de cada transacción. Esto puede convertirse en una pesadilla sin un software automatizado de impuestos para criptomonedas. Herramientas como CoinTracking, Koinly y TokenTax ayudan a simplificar este proceso importando transacciones desde billeteras e intercambios, calculando ganancias y pérdidas, y generando reportes para tu contador o agencia gubernamental.

Comprender cómo se clasifican las criptomonedas para fines fiscales no se trata solo de pagar impuestos — se trata de planificar estratégicamente. Mantener activos a largo plazo puede reducir impuestos. Realizar transacciones frecuentes sin llevar registros puede crear riesgo de auditoría. Y malinterpretar las reglas puede conducir a sanciones, impuestos atrasados o algo peor. A medida que las criptomonedas continúan evolucionando, también lo hará la política fiscal — y quienes entiendan el sistema tendrán ventaja.

La historia fiscal cripto de Jasmine

Jasmine estaba encorvada sobre su laptop en un pequeño espacio de coworking en Lisboa. Era 12 de abril, solo tres días antes de la fecha límite de impuestos en Estados Unidos, y las pestañas abiertas en su navegador contaban una historia de confusión: formularios del IRS, hilos de Reddit, comparaciones de software fiscal para criptomonedas y un cursor parpadeante dentro de una hoja de Excel con 426 filas de operaciones. Se masajeó las sienes y bebió un espresso frío. El año pasado, las criptomonedas habían sido divertidas — había ganado mucho dinero con altcoins, descubrió el staking e incluso lanzó su propio proyecto NFT. Este año, todo era abrumador. Los impuestos eran una bestia para la que no estaba preparada.

En 2021, Jasmine comenzó su viaje en las criptomonedas como muchas otras personas: compró Bitcoin en un exchange popular y se olvidó de él. Pero a mediados de 2022, el agujero del conejo se había vuelto mucho más profundo. Hacía trading diariamente, intercambiaba tokens en exchanges descentralizados, obtenía rendimientos de pools de liquidez y coleccionaba NFTs de artistas emergentes. No fue hasta que su contador le pidió un "reporte de base de costo" que se dio cuenta de lo complicado que se había vuelto todo.

"¿Qué quieres decir con que cada operación es imponible?", preguntó sorprendida.

"Cada venta, intercambio o incluso ganancia de tokens puede generar un evento fiscal", respondió su contador. "Incluso si no convertiste nada a moneda fiduciaria."

Jasmine quedó impactada. Había asumido que los impuestos solo aplicaban cuando retiraba dinero a su cuenta bancaria. Pero según la ley fiscal estadounidense, las criptomonedas se clasificaban como propiedad, no como moneda. Eso significaba que cada operación debía contabilizarse: el precio de compra, el precio de venta o intercambio y la ganancia o pérdida de capital. Pensó en todas las veces que había cambiado ETH por nuevos tokens o recibido airdrops de DAOs que ni siquiera recordaba haber unido. Todo era imponible.

Las cosas empeoraron cuando se dio cuenta de que sus recompensas por staking también se consideraban ingresos. Aunque no había vendido esos tokens, debía impuestos sobre su valor al momento en que fueron depositados en su billetera.

Minería, yield farming, regalías NFT — todo era ingreso a ojos del IRS.

Desesperada por obtener claridad, Jasmine se unió a un grupo de Telegram llamado "Crypto Tax Survivors". Allí conoció personas de todo el mundo compartiendo experiencias y estrategias. Un expatriado canadiense le advirtió sobre la doble tributación. Un usuario alemán le explicó la regla de un año de tenencia que exime a los inversores de largo plazo del impuesto sobre ganancias de capital. Una pareja viviendo en Portugal sonrió y dijo: "Tenemos suerte. Aquí no hay impuesto sobre ganancias de capital en criptomonedas... por ahora."

Eso hizo que Jasmine comenzara a pensar. Tal vez era momento de reconsiderar dónde pagaba impuestos.

Comenzó a investigar los llamados "paraísos fiscales cripto" — países donde las criptomonedas reciben un tratamiento fiscal más favorable. Portugal, Emiratos Árabes Unidos, Singapur e incluso El Salvador aparecían repetidamente. Estas jurisdicciones no gravaban las ganancias cripto o tenían reglas flexibles para inversores de largo plazo. Jasmine ya trabajaba de forma remota — quizá mudarse tenía sentido. Pero también aprendió que establecer residencia fiscal no consistía solo en tomar un avión. Implicaba cumplir requisitos de presencia física, cortar ciertos vínculos con su país de origen y, en ocasiones, crear una entidad comercial local.

Cuanto más profundizaba, más comprendía que entender cómo se clasificaban las criptomonedas no se trataba solo de completar correctamente un formulario fiscal. Se trataba de rediseñar toda su vida financiera — legal y estratégicamente. Necesitaba mejores herramientas, mejores registros y, sobre todo, un plan.

Se suscribió a un servicio de impuestos para criptomonedas y conectó todas sus billeteras y exchanges. Los datos importados dejaron algo dolorosamente claro: cientos de eventos imponibles. Algunas pérdidas. Algunas grandes ganancias. También resaltaron ingresos omitidos — recompensas de staking no declaradas y airdrops que había olvidado por completo.

Aun así, Jasmine comenzó a recuperar la sensación de control. El caos ahora tenía estructura. Los números tenían significado. Programó una reunión con un contador especializado en criptomonedas, quien le explicó cómo estructurar sus inversiones en el futuro: mantener activos a largo plazo, reducir intercambios innecesarios e incluso considerar una entidad legal para su negocio NFT. Aprendió que con la clasificación y planificación adecuadas, podía reducir legalmente su carga fiscal y mantenerse en cumplimiento.

El 15 de abril, Jasmine hizo clic en "enviar" en su declaración de impuestos. No le gustó lo que debía pagar, pero al menos entendía por qué lo debía. Más importante aún, ahora tenía una estrategia para el año siguiente. Ya no era solo una entusiasta de las criptomonedas — era una inversora consciente de los impuestos, fortalecida por la claridad y armada con conocimiento.

Capítulo 2: Eventos Imponibles en Criptomonedas: Qué Desencadena una Obligación Fiscal

Uno de los aspectos más malentendidos de la tributación de las criptomonedas es saber cuándo realmente se generan impuestos. Los usuarios de criptomonedas suelen asumir que solo deben impuestos cuando convierten sus activos en moneda fiduciaria. Desafortunadamente, esta suposición puede provocar grandes sorpresas fiscales o problemas de cumplimiento. En realidad, muchas actividades cotidianas con criptomonedas pueden calificar como eventos imponibles — momentos en los que estás obligado a reportar una ganancia, pérdida o ingreso.

Un evento imponible es cualquier acción que cambia tu situación financiera de una manera que requiere reporte fiscal. En las finanzas tradicionales, esto puede incluir vender acciones o recibir un salario. En el mundo cripto, las reglas son más amplias — y muchas veces más complejas. La clave está en comprender la diferencia entre una ganancia realizada y una ganancia no realizada. Generalmente solo pagas impuestos cuando realizas una ganancia, lo cual ocurre cuando dispones o conviertes un activo. Pero la definición de "disposición" es mucho más amplia de lo que podrías imaginar.

Comencemos con los eventos imponibles más comunes:

Vender criptomonedas por moneda fiduciaria — Este es el caso más obvio. Si compraste Bitcoin a $10,000 y lo vendiste a $20,000, tienes una ganancia de capital de $10,000 que debe reportarse. Si vendes con pérdidas, esa pérdida puede compensar ganancias.

Intercambiar una criptomoneda por otra — Cambiar ETH por SOL, o BTC por USDC, también es un evento imponible, incluso si no interviene moneda fiduciaria. Has dispuesto de un activo y adquirido otro, lo que significa que el IRS (y la mayoría de las autoridades fiscales) consideran esto un evento de realización.

Usar criptomonedas para comprar bienes o servicios — ¿Comprar una laptop con Bitcoin? Eso es un evento imponible. El IRS lo interpreta como si hubieras vendido el BTC por efectivo y luego usado ese efectivo para comprar el artículo. Debes reportar el valor justo de mercado del BTC en el momento de la transacción.

Recibir criptomonedas como ingreso — Si te pagan en criptomonedas por trabajo independiente, consultoría o ventas comerciales, debes reportar el valor de las criptomonedas al momento de recibirlas como ingreso. Este ingreso se grava según tu tasa ordinaria de impuesto sobre la renta y no se considera ganancia de capital.

Recompensas de minería o staking — Las recompensas por minería se gravan como ingresos cuando se reciben, basándose en su valor justo de mercado. Las recompensas de staking siguen reglas similares. Incluso si no las vendes, el valor debe reportarse como ingreso en el momento en que se depositan en tu billetera.

Airdrops y hard forks — Si recibes nuevas monedas mediante un airdrop o un hard fork, estas pueden considerarse ingresos imponibles. El momento del impuesto depende de cuándo obtienes control sobre el activo. Esta regla ha causado confusión, especialmente en airdrops pasivos.

Préstamos cripto y yield farming — Muchos protocolos DeFi pagan rendimientos en forma de tokens. Estas ganancias son imponibles como ingresos al momento de recibirlas, incluso si no se retiran. Algunas agencias fiscales aún están determinando cómo clasificar estas actividades, pero en la mayoría de las jurisdicciones, recibir tokens con valor significa generar ingresos.

Regalos y donaciones — Dar o recibir criptomonedas como regalo puede tener implicaciones fiscales dependiendo del monto y de las leyes locales. Los regalos grandes pueden requerir una declaración de impuestos sobre donaciones. Donar criptomonedas a una organización sin fines de lucro registrada puede permitir una deducción, pero la transacción aún requiere documentación.

Por otro lado, ciertas acciones no son eventos imponibles. Estas incluyen:

Comprar criptomonedas con moneda fiduciaria (por ejemplo, comprar ETH con USD)

Mantener criptomonedas sin venderlas ni intercambiarlas

Transferir criptomonedas entre tus propias billeteras

Sin embargo, el seguimiento sigue siendo crucial — incluso para eventos no imponibles — para que puedas calcular correctamente tu base de costo y período de tenencia cuando eventualmente ocurra un evento imponible.

Otra trampa oculta es el volumen de transacciones. Incluso pequeñas operaciones pueden acumularse rápidamente, y cada una requiere el seguimiento del precio al momento de adquisición y del precio al momento de venta o intercambio.

Sin registros precisos, básicamente estarás adivinando en tus formularios fiscales, lo que puede conducir a errores o auditorías.

Los eventos imponibles varían ligeramente entre jurisdicciones. En Estados Unidos, el IRS ha emitido directrices claras, pero otros países aún se están adaptando. El Reino Unido trata las criptomonedas de manera similar a la propiedad. Australia las grava bajo reglas de ganancias de capital, pero con exenciones para uso personal inferiores a $10,000. Singapur, en contraste, no grava las ganancias de capital en absoluto... todavía. A medida que más países desarrollan regulaciones, comprender qué desencadena una obligación fiscal se vuelve esencial para los usuarios globales de criptomonedas.

En el mundo cripto que evoluciona rápidamente, un solo clic puede generar una obligación tributaria. Ser consciente de qué actividades son imponibles — y cuáles no — es el primer paso para mantenerse en cumplimiento y tomar decisiones financieras inteligentes. En el próximo capítulo, veremos cómo calcular correctamente tus ganancias y pérdidas de capital para que puedas presentar tus impuestos con precisión y evitar sorpresas.

Los eventos imponibles de Omar

Omar siempre se había enorgullecido de ser financieramente educado. Tenía experiencia en contabilidad, dirigía un pequeño negocio de importación y exportación en Toronto y había invertido en la bolsa desde sus primeros veinte años. Así que cuando entró al mundo de las criptomonedas en 2020, pensó que se aplicarían los mismos principios. Comprar barato, vender caro, llevar registros y pagar impuestos. Bastante simple... hasta que dejó de serlo.

Todo comenzó cuando descargó una billetera DeFi y empezó a experimentar con intercambios. Convirtió algo de ETH en Chainlink y luego cambió eso por Aave, y así sucesivamente. Lo que parecía una experimentación inocente en realidad estaba acumulando obligaciones fiscales con cada clic. En el mundo tradicional, Omar solo pagaba impuestos cuando vendía acciones o retiraba ganancias. Pero las criptomonedas eran una bestia diferente. Cada operación — sin importar cuán pequeña — era un evento imponible.

Las cosas se complicaron aún más cuando Omar se unió a un protocolo de yield farming. Depositó sus tokens en un pool de liquidez y comenzó a recibir tokens de gobernanza como recompensa. "Dinero gratis", pensó. Pero su sonrisa desapareció cuando su contador le dijo que esas recompensas se consideraban ingresos imponibles en el momento en que las recibía, incluso si no las convertía en efectivo. Peor aún, la plataforma no tenía un historial claro de transacciones y él no había anotado nada.

"Solo recibí como $300 en tokens", explicó. "¿Por qué tendría que pagar impuestos sobre eso?"

Su contador suspiró. "Porque el gobierno lo considera ingreso. Si alguien te entrega $300 en criptomonedas, no les importa si las gastas o no — sigue contando."

Omar se dio cuenta de que había generado sin saberlo docenas de eventos imponibles: intercambios, recompensas de staking e incluso airdrops de NFTs. Recordó haber reclamado una moneda desconocida como parte de una campaña de marketing, sin saber que hacerlo era un evento imponible. Para la Agencia Tributaria de Canadá (CRA), no importaba que nunca hubiera usado los tokens — tenían valor al recibirlos y eso significaba que debía pagar impuestos.

Peor aún, Omar había utilizado criptomonedas para comprar una tarjeta gráfica para su computadora gamer. Parecía un buen uso de sus ganancias en ese momento. Pero nuevamente, esa transacción generó un evento fiscal. Debido a que utilizó criptomonedas para comprar un bien, fue tratado como si hubiera vendido las criptomonedas a valor de mercado y luego usado moneda fiduciaria para comprar el artículo. Tuvo que regresar, encontrar el precio del token el día que lo gastó, calcular su base de costo original y determinar su ganancia o pérdida – todo por una sola compra.

El punto de quiebre llegó cuando vendió algunos tokens por USDC. Pensó que las stablecoins no eran imponibles porque no representaban ganancias "reales". Pero esa venta también contaba. Cambiar tokens volátiles por stablecoins seguía siendo un evento de disposición y los impuestos se aplicaban igual que en cualquier otra operación.

Frustrado pero decidido, Omar dedicó un fin de semana a organizar sus registros. Se registró en una herramienta fiscal para criptomonedas y conectó cada billetera y exchange que había utilizado. La plataforma identificó más de 150 eventos imponibles – algunos tan pequeños como $5 y otros involucrando cientos de dólares. Tomó horas, pero al final del proceso tenía una imagen completa de toda su actividad cripto. Estaba sorprendido por la cantidad de momentos imponibles que simplemente había ignorado.

En la oficina de su contador la semana siguiente, entregó el reporte impreso. "Ahora que entiendo esto, siento que he estado caminando por un campo minado con los ojos vendados", admitió.

Su contador se rió. "La mayoría de las personas lo hacen. Las reglas no son intuitivas y cambian rápido. La buena noticia es que te diste cuenta temprano. Mucha gente no entiende que ha generado docenas de eventos imponibles hasta que son auditados."

Omar salió de esa reunión con un nuevo respeto por la ley tributaria. Las criptomonedas no se trataban solo de ganancias explosivas y libertad de los bancos — también implicaban responsabilidad. A partir de entonces, decidió simplificar su estrategia. Menos operaciones. Más tenencia a largo plazo. Registros adecuados. Y, quizás lo más importante, nunca volvería a asumir que una transacción estaba libre de impuestos solo porque no involucraba moneda fiduciaria.

Ahora entendía que en el mundo de las criptomonedas, cada intercambio de tokens, cada airdrop y cada recompensa de staking podían generar silenciosamente una factura fiscal. Y aunque la libertad de las finanzas descentralizadas era real, también lo eran las consecuencias de no comprender las implicaciones tributarias que la acompañaban.

Capítulo 3: Cómo Calcular las Ganancias y Pérdidas de Capital en Criptomonedas

Calcular las ganancias y pérdidas de capital en criptomonedas puede ser una de las partes más desafiantes de la temporada de impuestos, especialmente para quienes han realizado múltiples operaciones en diferentes plataformas. El proceso implica mucho más que simplemente observar cuánto dinero ganaste. Requiere rastrear cada transacción, establecer la base de costo, determinar los períodos de tenencia y aplicar las reglas fiscales correspondientes según tu jurisdicción. Pero una vez que comprendes los componentes fundamentales, calcular ganancias y pérdidas se convierte en un sistema repetible.

Comencemos con el concepto más importante: la base de costo. Este es el valor original del activo en el momento de la adquisición, incluyendo cualquier comisión asociada. Si compras 1 Bitcoin a $10,000 y pagas una comisión de $100, tu base de costo es $10,100. Cuando vendes o intercambias ese Bitcoin, tu ganancia o pérdida de capital es la diferencia entre el precio de venta y tu base de costo. Si luego lo vendes por $15,000, tu ganancia es de $4,900.

El siguiente elemento clave es el período de tenencia, que determina si la ganancia se clasifica como de corto o largo plazo. En Estados Unidos y muchas otras jurisdicciones, los activos mantenidos por más de un año antes de venderse se consideran de largo plazo y normalmente se gravan con una tasa más baja. Los activos vendidos dentro de un año son de corto plazo y tributan según tu tasa ordinaria de impuesto sobre la renta. Esto crea un fuerte incentivo para mantener inversiones a largo plazo, especialmente para quienes se encuentran en categorías fiscales más altas.

Existen dos tipos principales de ganancias de capital:

Ganancias Realizadas – Ocurren cuando vendes, intercambias o gastas tus criptomonedas. Son imponibles en el año en que ocurre la transacción.

Ganancias No Realizadas – Son ganancias sobre activos que aún mantienes. No se gravan hasta que dispones del activo.

Al rastrear tus operaciones, es importante mantener un historial preciso de transacciones. Cada operación – sin importar cuán pequeña sea – debe registrarse. Esto incluye intercambios entre criptomonedas, no solo aquellos que involucran moneda fiduciaria. Cada una de estas transacciones debe vincularse con la adquisición original para poder calcular la base de costo.

Aquí tienes un ejemplo simplificado:

Compras 1 ETH por $2,000

Más tarde, intercambias 0.5 ETH por 100 LINK cuando ETH vale $3,000

Tu base de costo para 0.5 ETH era $1,000

El valor justo de mercado al momento del intercambio era $1,500

Tu ganancia de capital es de $500

Ahora multiplica ese proceso por docenas — o cientos — de transacciones y entenderás por qué muchos inversores utilizan software fiscal para criptomonedas como Koinly, CoinTracking o TokenTax. Estas herramientas pueden importar tus transacciones desde exchanges y billeteras, calcular ganancias y pérdidas e incluso generar formularios fiscales.

Una de las complejidades al calcular ganancias es determinar qué monedas fueron vendidas cuando dispones solo de una parte de tu posición. Existen tres métodos contables comunes:

FIFO (First-In, First-Out): Las primeras monedas que compraste se consideran las primeras en venderse.

LIFO (Last-In, First-Out): Las monedas compradas más recientemente se consideran las primeras en venderse.

Identificación Específica: Eliges manualmente qué monedas específicas se venden, normalmente aquellas con la base de costo más alta para reducir tus ganancias imponibles.

El método que elijas puede afectar significativamente tu factura fiscal. En Estados Unidos, FIFO es el método predeterminado a menos que especifiques lo contrario. En otros países, el método puede variar o no estar claramente definido, por lo que conviene consultar a un profesional fiscal si tienes dudas.

También puedes usar pérdidas de capital para compensar ganancias. Si vendiste una moneda con pérdidas, puedes restar esa cantidad de tus ganancias para reducir tu ingreso imponible total. En muchos países, las pérdidas no utilizadas pueden trasladarse a años futuros. Sin embargo, no puedes reclamar una pérdida si vuelves a comprar inmediatamente el mismo activo — esto se conoce como la regla de "wash sale" en las finanzas tradicionales, aunque aún no se aplica de manera consistente en criptomonedas. Aun así, las leyes evolucionan, y es prudente evitar estrategias agresivas de recolección de pérdidas sin orientación profesional.

Finalmente, recuerda que las comisiones importan. Las tarifas de transacción en exchanges, las comisiones de gas por interacciones en blockchain y los cargos de plataformas a menudo pueden añadirse a tu base de costo o restarse de tus ingresos. No las ignores — pueden reducir significativamente tu ganancia imponible.

La conclusión es esta: calcular con precisión las ganancias y pérdidas de capital no se trata solo de cumplimiento. Se trata de comprender tu situación financiera, planificar estratégicamente tus operaciones y evitar errores costosos. Con registros limpios y las herramientas adecuadas, los impuestos sobre criptomonedas se vuelven manejables — e incluso pueden ofrecer oportunidades de optimización.

Sophie, la entusiasta de las criptomonedas

Sophie siempre había sido meticulosa con los números. Como extenedora de libros convertida en entusiasta de las criptomonedas, pensaba que tenía un sólido entendimiento sobre cómo administrar su cartera. Pero en la primavera de 2024, mientras preparaba sus impuestos en su pequeño apartamento en San Diego, se dio cuenta de cuánto se había quedado atrás. No en trading — allí estaba adelantada — sino en comprender cómo esas operaciones se traducían en ganancias y pérdidas imponibles. Y ahora, el IRS quería respuestas.

Su viaje en criptomonedas comenzó modestamente — algo de BTC en Coinbase y algunas compras de ETH en Kraken. Pero para finales de 2022, se había expandido a exchanges descentralizados, probado yield farming e incluso negociado algunos NFTs. Cada transacción parecía un paso hacia la independencia financiera. Pero mientras observaba su hoja de cálculo, veía una pesadilla de números — compras aleatorias, innumerables intercambios y registros inconsistentes.

Su amigo Luis le había hablado sobre software fiscal, pero Sophie aún no estaba lista para dejar todo en manos de una aplicación. Quería entender cómo funcionaban los cálculos. Así que estudió las directrices del IRS y foros fiscales, descubriendo el concepto crucial de la base de costo. Cada vez que compraba una moneda, ese precio de compra — más cualquier comisión — se convertía en su punto de referencia. Vender por encima de eso significaba una ganancia. Vender por debajo, una pérdida.

En teoría tenía sentido. ¿En la práctica? Era un caos. Había comprado MATIC en tres días diferentes y a tres precios distintos, y luego vendió la mitad durante una pequeña corrida alcista. Pero ¿qué MATIC había vendido? ¿Las que compró a $0.80? ¿Las de $1.20? Dependiendo de su método — FIFO, LIFO o identificación específica — su ganancia imponible cambiaba en cientos de dólares.

Se recostó en su silla, tomando té verde, y calculó los números de ambas formas. FIFO mostraba una ganancia de $700. LIFO mostraba solo $250. Ahora entendía por qué el método contable importaba tanto. La mayoría de los países utilizan FIFO por defecto, a menos que declares otro método. Pero ella no recordaba haber hecho ninguna elección. ¿Estaba atrapada?

Llamó a un asesor fiscal especializado en criptomonedas. Él le explicó que, con la documentación adecuada, podía elegir identificación específica y vender estratégicamente las monedas con la base de costo más alta — lo que algunos llaman el método HIFO (highest-in, first-out). Eso minimizaba las ganancias imponibles. Pero requería un registro exhaustivo — hasta la hora y fecha exacta de cada compra.

La cabeza de Sophie comenzó a doler al pensar en todas las comisiones de gas que había olvidado incluir. Según el asesor, esas tarifas podían añadirse a su base de costo o deducirse como gastos si estaban correctamente documentadas. Así que pasó horas revisando sus billeteras MetaMask y Phantom, copiando datos de comisiones desde exploradores blockchain. Incluso encontró una comisión de gas de $400 de un intercambio fallido en DeFi que había bloqueado completamente de su memoria. ¿Podría deducirla? Tal vez sí, tal vez no.

Ejecutó una simulación utilizando una aplicación fiscal para criptomonedas. Después de ingresar manualmente todo – cada intercambio, cada comisión y cada fecha – obtuvo una visión completa de sus ganancias y pérdidas. Algunas eran grandes. Otras sorprendentes. Había olvidado pequeños tokens que vendió durante el mercado bajista. Resultó que esas pérdidas podían compensar sus ganancias. Y debido a que no las había utilizado en años anteriores, podía trasladarlas hacia el futuro.

Por primera vez en semanas, Sophie sonrió. Esto no se trataba solo de impuestos – se trataba de comprender toda su vida financiera. Imprimió el reporte y resaltó sus ganancias de largo plazo en verde y las de corto plazo en rojo. Mantener activos por más de un año le había ahorrado casi un 15% en impuestos. Si hubiera vendido todo presa del pánico el otoño pasado, la factura habría sido devastadora.

La pieza final encajó cuando se dio cuenta de que podía planificar el próximo año. Podía rastrear todo en tiempo real, etiquetar cada moneda con los detalles de compra e incluso organizar sus operaciones según el método contable. No era fácil, pero era empoderador.

Cuando finalmente presentó su declaración, Sophie no solo estaba en cumplimiento – estaba segura de sí misma. Ahora veía las ganancias y pérdidas de capital no como una carga fiscal confusa, sino como una herramienta estratégica. Y mientras observaba su cartera, veía más que monedas digitales. Veía oportunidad, claridad y control.

Capítulo 4: Ingresos en Criptomonedas: Minería, Staking y Airdrops Explicados

A medida que la economía cripto evoluciona más allá de la simple compra y venta, más usuarios participan en actividades que generan ingresos en criptomonedas — sin empleo tradicional ni intermediarios centralizados. Estas fuentes de ingresos incluyen minería, staking y airdrops, y aunque puedan parecer dinero gratis, las autoridades fiscales no las ven de esa manera. De hecho, la mayoría de estas actividades se gravan como ingresos al momento de recibirse y, en muchas jurisdicciones, deben reportarse según el valor justo de mercado el día en que obtienes control del activo.

Comencemos con la minería, una de las formas más antiguas y conocidas de ingresos en criptomonedas. Ya sea que tengas un solo equipo GPU en casa o administres una granja minera industrial, los ingresos generados por validar bloques exitosamente se consideran imponibles. El valor justo de mercado de las monedas minadas al momento de recibirlas debe reportarse como ingreso ordinario. Por ejemplo, si minas 0.1 BTC y vale $2,500 cuando entra en tu billetera, esos $2,500 son ingresos imponibles — incluso si no vendes el Bitcoin. Más adelante, si vendes la moneda, también deberás pagar impuestos sobre ganancias de capital por cualquier aumento de valor desde el día en que la recibiste. Esto significa que minar criptomonedas puede generar dos eventos imponibles: uno cuando las recibes (ingreso) y otro cuando las vendes (ganancia o pérdida de capital).

El staking es la contraparte proof-of-stake de la minería y funciona de manera similar desde una perspectiva fiscal. Cuando haces staking de monedas como ETH, ADA o SOL y recibes recompensas, el valor de esas recompensas en el momento en que son acreditadas a tu billetera debe reportarse como ingreso. Esto aplica ya sea que hagas staking individualmente, mediante un validador o utilizando plataformas centralizadas como Coinbase o Binance. Y al igual que con la minería, si las monedas aumentan de valor y luego las vendes, deberás pagar impuestos sobre ganancias de capital por la diferencia. Muchos usuarios cometen el error de rastrear solo la venta – pero el IRS y otras agencias fiscales se enfocan cada vez más en cuándo se reciben las recompensas, no solo cuándo se venden.

Los airdrops son otra fuente común de ingresos en criptomonedas, pero frecuentemente toman a las personas por sorpresa. Los airdrops ocurren cuando nuevos tokens se distribuyen gratuitamente a los usuarios – generalmente como recompensa por mantener un activo específico, participar en un protocolo o simplemente formar parte de una comunidad. Aunque los airdrops puedan sentirse como regalos, a menudo se consideran ingresos en el momento en que tienes acceso a los tokens. Por ejemplo, si recibes 1,000 tokens valorados en $0.50 cada uno, debes reportar $500 de ingresos, incluso si nunca los vendes. ¿El problema? Muchos usuarios ni siquiera se dan cuenta de que recibieron un airdrop — o el valor cae rápidamente, dejándolos con una factura fiscal pero con poca ganancia real.

Esto también aplica a los hard forks, que ocurren cuando una blockchain se divide y crea un nuevo activo (como Bitcoin Cash a partir de Bitcoin). Si obtienes control sobre un nuevo activo debido a un hard fork, el IRS considera eso ingreso imponible en el momento en que tienes acceso. Incluso si no solicitaste el token derivado, si llega a tu billetera y puedes gastarlo, se vuelve imponible.

Uno de los mayores desafíos al manejar ingresos en criptomonedas es el mantenimiento de registros. A diferencia de los ingresos tradicionales — donde recibes un formulario W-2 o 1099 — los ingresos cripto suelen quedar sin reportar a menos que los rastrees manualmente. Eso significa que es tu responsabilidad anotar el valor justo de mercado, la hora de recepción y la fuente del ingreso. No hacerlo puede conducir a declaraciones incorrectas o ingresos omitidos, lo que podría generar auditorías o sanciones.

El tipo de ingreso cripto también afecta el impuesto de trabajo independiente. En Estados Unidos, por ejemplo, las recompensas de minería no solo están sujetas al impuesto sobre la renta – también pueden generar impuestos de trabajo independiente si la minería se realiza como negocio. Esto agrega otra capa de complejidad y posible responsabilidad fiscal, especialmente para operaciones grandes o ingresos constantes.

Para reducir la exposición fiscal, algunos usuarios eligen operar sus actividades generadoras de ingresos cripto bajo una entidad legal, como una LLC o corporación. Esto puede abrir oportunidades de deducción para electricidad, equipos y otros gastos comerciales, pero también implica requisitos legales y fiscales adicionales. Como siempre, consulta con un profesional fiscal si tienes dudas.

Finalmente, no ignores las estafas de airdrops y los tokens spam, que a veces aparecen en billeteras sin previo aviso. Si no reclamaste ni controlaste el activo, es posible que no tengas que reportarlo. Sin embargo, si vendes siquiera uno de esos tokens o interactúas con el contrato, eso puede considerarse aceptación y generar obligaciones fiscales. Actúa con precaución y no interactúes ciegamente con tokens desconocidos.

En resumen, la minería, el staking y los airdrops son herramientas poderosas para construir riqueza en criptomonedas — pero también vienen acompañadas de importantes responsabilidades fiscales. Saber cómo y cuándo reportar estas fuentes de ingresos puede ayudarte a evitar sanciones y posicionarte para aprovechar futuras oportunidades de manera sostenible y en cumplimiento.

Ahora, revisemos la historia de Liam

El garaje de Liam siempre olía ligeramente a ozono y metal caliente. Filas de ruidosos mineros GPU alineaban su banco de trabajo como pequeños soldados leales, brillando con luces LED multicolores. Durante los últimos dos años, había estado minando Ethereum — primero como hobby, luego como un ingreso extra y finalmente como un negocio completo. Le encantaba la autonomía. Sin jefe, sin horarios, solo él y la red. Pero mientras las máquinas zumbaban constantemente, su bandeja de entrada vibraba con algo mucho menos agradable: una notificación fiscal del IRS.

Había esperado un pequeño ajuste, quizá unos cientos de dólares. Pero la carta decía que debía miles. ¿Por qué? Porque nunca había reportado su ETH minado como ingreso – solo las ganancias cuando lo vendía. Había malinterpretado cómo funcionaban las ganancias en criptomonedas. Ahora estaba aprendiendo por las malas que las recompensas de minería se gravan en el momento en que se reciben, basándose en su valor justo de mercado. No importaba si las vendía o las conservaba durante un año. El IRS quería su parte en el instante en que su billetera se llenaba.

Liam contactó a una consultora fiscal especializada en criptomonedas. Ella le pidió registros detallados – fecha, hora y valor de cada pago de minería. Él no los tenía. Su software de minería rastreaba hashes, no datos fiscales. El exchange que utilizaba solo registraba depósitos. "Necesitas más que actividad de billetera", explicó ella. "Necesitas reconocimiento de ingresos – cuánto valían tus monedas minadas cuando las recibiste." Eso significaba extraer datos históricos de precios y relacionarlos con las marcas de tiempo de sus recompensas. Parecía un segundo trabajo.

Las cosas se complicaron aún más cuando Liam se dio cuenta de que parte de sus ingresos podría estar sujeta también al impuesto de trabajo independiente. Debido a que minaba como negocio – comprando equipos, pagando electricidad y reinvirtiendo ganancias – era considerado propietario único ante el IRS. Eso significaba que sus ingresos cripto no eran solo ingresos ordinarios. Eran ingresos comerciales, con obligaciones adicionales.

Mientras tanto, su novia Priya estaba aprendiendo su propia lección difícil con el staking. Había estado generando ingresos pasivos haciendo staking de ADA en una billetera móvil. Las recompensas eran modestas — $80 aquí, $120 allá — pero constantes. Ella había asumido que, al igual que una cuenta de ahorros, esas recompensas no eran imponibles hasta retirarlas. Incorrecto. Su contador le explicó que las recompensas de staking se gravan en el momento en que se depositan, no cuando se venden. Tenía docenas de pequeños eventos imponibles, ninguno de los cuales había rastreado. Afortunadamente, su billetera tenía una función de exportación integrada, lo que le ahorró horas de frustración.

Su amigo Malik enfrentó otra variación del mismo problema — los airdrops. Había recibido 2,000 tokens de una DAO que apoyaba, pero nunca les prestó demasiada atención. Ni siquiera sabía que su valor había alcanzado $1.75 cada uno en cierto momento. Cuando finalmente revisó su billetera, valían solo $0.12 cada uno. Se encogió de hombros y los vendió para obtener algo de dinero rápido. Lo que no comprendía era que el IRS quería impuestos basados en el valor al momento de recibirlos, no cuando los vendió. Eso significaba reportar $3,500 de ingresos – aunque solo ganó alrededor de $250 en la venta. Parecía injusto, pero la ley era clara: los airdrops son ingresos en el momento en que puedes acceder y utilizar los tokens.

Una noche, los tres amigos se reunieron en el garaje de Liam, con laptops abiertas, comparando historias de terror y organizando registros. Todos habían aprendido la misma lección de maneras diferentes: los ingresos en criptomonedas son ingresos reales, y no importa si provienen de equipos de minería, recompensas de validadores o airdrops inesperados. Comenzaron a utilizar software de seguimiento, marcando cada evento imponible e incluso planificando crear una entidad comercial para ayudar con deducciones.

Liam descubrió que podía deducir sus facturas eléctricas y compras de hardware si presentaba correctamente sus impuestos. Priya aprendió a reportar ingresos por staking trimestralmente para evitar sanciones por pagos insuficientes. Malik creó un sistema para monitorear sus billeteras y detectar llegadas inesperadas de tokens antes de que se convirtieran en minas fiscales ocultas.

Ya no se trataba solo de mantenerse fuera de problemas. Se trataba de convertirse en profesionales dentro de una economía descentralizada en crecimiento. A medida que evolucionaban las reglas fiscales, ellos también evolucionaban — más preparados, más conscientes y con mayor control sobre sus ingresos digitales.

Capítulo 5: Requisitos de Reporte Fiscal de Criptomonedas: Formularios, Registros y Fechas Límite

Presentar impuestos con activos y transacciones en criptomonedas ya no es una zona gris opcional — es una obligación legal en la mayoría de las jurisdicciones. Aunque los primeros usuarios disfrutaron durante años de una supervisión limitada, la ofensiva global contra la evasión fiscal en criptomonedas ya está en marcha. Hoy en día, los gobiernos están endureciendo regulaciones, emitiendo advertencias e incluso compartiendo datos de exchanges para rastrear contribuyentes. Por ello, comprender qué formularios debes presentar, qué registros conservar y cuándo aplican las fechas límite es esencial para mantenerse en cumplimiento y sin estrés durante la temporada de impuestos.

Comencemos con Estados Unidos, donde el Servicio de Impuestos Internos (IRS) ha dejado clara su postura sobre las criptomonedas: se consideran propiedad y están sujetas tanto a impuestos sobre ingresos como a ganancias de capital. Cada declaración fiscal estadounidense ahora incluye una pregunta directa: “¿En algún momento durante el año recibió, vendió, envió, intercambió o adquirió de otra manera algún interés financiero en moneda virtual?" Esta pregunta aparece en la primera página del Formulario 1040 del IRS. Responder falsamente puede generar consecuencias legales, incluso si no debes impuestos sobre criptomonedas.

Si realizaste operaciones con criptomonedas, generalmente necesitarás completar el Formulario 8949, que reporta ganancias y pérdidas de capital provenientes de la venta o intercambio de propiedad. Cada fila representa una sola transacción y debe incluir:

Descripción del activo (por ejemplo, 0.5 BTC)

Fecha de adquisición

Fecha de venta

Ingresos obtenidos (monto de venta)

Base de costo (monto de compra)

Ganancia o pérdida

Los totales del Formulario 8949 se transfieren al Schedule D, que resume tus ganancias y pérdidas totales de capital. Si realizaste múltiples transacciones — especialmente en exchanges — el software fiscal para criptomonedas puede generar automáticamente un Formulario 8949 completo, haciendo este proceso mucho más sencillo.

Si recibiste criptomonedas como ingreso — ya sea mediante minería, staking, trabajo independiente o airdrops — también podrías necesitar reportarlas en el Schedule 1 (Ingresos Adicionales) o en el Schedule C si operas un negocio. Para ingresos comerciales, el IRS puede exigir impuestos de trabajo independiente, que incluyen contribuciones al Seguro Social y Medicare.

Quienes reciben pagos en criptomonedas superiores a $10,000 en una sola transacción también pueden quedar sujetos a los requisitos de reporte del Formulario 8300 para grandes transacciones en efectivo. Y si tus criptomonedas se mantienen en un exchange o billetera extranjera, pueden aplicarse FBAR (FinCEN Formulario 114) o FATCA (Formulario 8938) si los saldos superan ciertos límites. Estos requisitos internacionales de cumplimiento pueden sorprender a muchos inversores y conllevan sanciones severas si se ignoran.

Otros países tienen requisitos similares o emergentes. Por ejemplo:

Reino Unido (HMRC): Requiere reportar ganancias de capital en declaraciones de autoevaluación. No existe un formulario específico para criptomonedas, pero los registros detallados son esenciales.

Canadá (CRA): Trata las criptomonedas como mercancías; utiliza formularios de ganancias de capital y exige reportar todos los ingresos, incluyendo minería y airdrops.

Australia (ATO): Requiere impuesto sobre ganancias de capital para la mayoría de disposiciones de criptomonedas, incluyendo seguimiento de base de costo y períodos de tenencia.

Alemania: Las criptomonedas están libres de impuestos si se mantienen por más de un año, pero las operaciones dentro de ese período deben reportarse.

Independientemente de tu ubicación, el hábito más importante es mantener registros precisos. Estos deben incluir:

Fecha y hora de cada transacción

Cantidad y tipo de criptomoneda involucrada

Valor en USD (o moneda local) en el momento de la transacción

Base de costo e ingresos obtenidos

Propósito de la transacción (compra, venta, recompensa, airdrop, etc.)

Comisiones asociadas (gas, tarifas de transacción y cargos de plataforma)

Utilizar software fiscal para criptomonedas como Koinly, CoinLedger o TokenTax puede automatizar gran parte de este proceso al conectarse con billeteras y exchanges, categorizar actividades y producir documentos listos para impuestos. Muchas herramientas también permiten previsualizar posibles resultados fiscales antes de vender activos, ayudando en la planificación estratégica.

Las fechas límite importan. En Estados Unidos, la fecha límite individual de impuestos suele ser el 15 de abril, aunque puede variar ligeramente según feriados o fines de semana. Las extensiones están disponibles, pero no extienden la fecha límite de pago. Presentaciones tardías o pagos insuficientes — incluso debido a errores relacionados con criptomonedas — pueden generar sanciones e intereses. Otros países tienen sus propios calendarios, aunque muchos coinciden con el período de abril a junio para declaraciones anuales.

También es recomendable conciliar trimestralmente, especialmente si haces trading activo o generas recompensas constantemente. Esto permite una mejor planificación fiscal, pagos estimados y evitar el caos de fin de año. Las criptomonedas son volátiles — retrasar el seguimiento suele generar inexactitudes y deducciones perdidas.

En resumen, a medida que aumenta la aplicación de las leyes fiscales sobre criptomonedas, ser proactivo es fundamental. Conoce los formularios que necesitas, rastrea tus registros en tiempo real y busca ayuda profesional o herramientas de software cuando sea necesario. Con los hábitos y preparación adecuados, el reporte fiscal puede convertirse en una parte manejable — e incluso estratégica — de tu viaje en criptomonedas.

Tasha y el Formulario 8949

Tasha estaba sentada en la mesa de su cocina, con documentos fiscales esparcidos como un campo de batalla financiero. Su café matutino se había enfriado mientras observaba el sitio web del IRS intentando descifrar la sopa de letras de formularios: 8949, Schedule D, Schedule 1, 1040. Siempre había presentado sus impuestos sola — un simple W-2, algunas deducciones y listo en menos de una hora. Pero este año era diferente. Este año, tenía criptomonedas.

Todo comenzó inocentemente — algunas compras de Ethereum en Coinbase, algunas operaciones de NFTs y recompensas de staking. Luego probó préstamos DeFi. Después se unió a una DAO. Ahora tenía actividad en seis plataformas, docenas de operaciones y ninguna idea de cómo organizar todo para la temporada fiscal.

Su primera realización llegó cuando inició sesión en TurboTax y vio una nueva pregunta en la página principal: "¿Recibiste, vendiste, enviaste, intercambiaste o adquiriste de otra manera algún interés financiero en criptomonedas?" No había forma de evitarlo. Tenía que responder "sí".

Tasha asumió que el sistema le pediría un único número resumen — ganancias o pérdidas totales — pero el programa solicitó cada operación individual: fecha de adquisición, fecha de venta, base de costo, ingresos obtenidos, ganancia o pérdida. "¿Hablan en serio?", murmuró mientras revisaba su desordenada hoja de cálculo.

Llamó a su primo mayor Derrick, quien trabajaba en finanzas. "No es opcional", dijo secamente. "Agregaron esa pregunta para identificar a los poseedores de criptomonedas. Si respondes que no y descubren lo contrario, podría considerarse fraude fiscal."

Eso la golpeó con fuerza. No estaba intentando engañar a nadie — simplemente no sabía qué hacer. Derrick le explicó que necesitaba el Formulario 8949 para reportar cada disposición de criptomonedas. Cada vez que vendía, intercambiaba o gastaba criptomonedas, generaba una ganancia o pérdida de capital. "Los totales van al Schedule D", añadió, "pero el 8949 es donde van todos los detalles."

Abrió sus billeteras y exchanges intentando encontrar una forma de descargar su historial. Algunos tenían exportaciones CSV. Otros no. Había realizado tantas operaciones pequeñas, algunas inferiores a $50, que pensó que no importaban. Pero todas eran requeridas. Cada operación, cada tarifa de gas, cada recompensa. Incluso había utilizado ETH para comprar un NFT — lo cual contaba como una venta para fines fiscales.

Luego estaban sus recompensas de staking. Había recibido aproximadamente $700 en criptomonedas el año pasado. "Eso es ingreso", dijo Derrick. "Repórtalo en el Schedule 1. Si hiciste staking regularmente, el IRS podría esperar también impuesto de trabajo independiente."

¿La peor parte? Había recibido algunos airdrops — tokens que nunca pidió y que estaban olvidados en su billetera. No los había vendido, pero aparentemente el IRS aun esperaba que reportara su valor en el momento en que tuvo acceso a ellos.

Eso significaba encontrar el precio de tokens desconocidos en días aleatorios de hacía seis meses. Suspira y mira el reloj. Medianoche.

Un amigo le recomendó probar una aplicación de software fiscal para criptomonedas. Escéptica pero desesperada, conectó sus billeteras y exchanges. Después de 30 minutos de sincronización, el panel mostró todo su historial cripto: 98 eventos imponibles, $1,400 en ingresos, $3,700 en ganancias de capital y $890 en pérdidas. Estaba sorprendida de cuánto había allí. Incluso generó un Formulario 8949 completo y calculó sus ganancias y pérdidas totales. El dolor de cabeza comenzó a desaparecer.

Tasha presentó una extensión para ganar más tiempo y se prometió hacerlo diferente el próximo año. A partir de ahora, rastrearía su actividad en tiempo real, guardaría todos los archivos CSV y conciliaría sus transacciones trimestralmente. Incluso consideró crear una pequeña LLC para formalizar sus ingresos por staking y DeFi. Derrick le explicó que hacerlo podría abrir oportunidades de deducción — hardware, internet, tarifas de gas e incluso una parte de su alquiler si presentaba correctamente.

La experiencia la transformó. Lo que comenzó como confusión se convirtió en empoderamiento. Ya no tenía miedo de los impuestos — los entendía. Y esa comprensión le dio confianza para seguir creciendo su cartera cripto, pero ahora con estructura, previsión y control total.

Capítulo 6: Impuestos Sobre Criptomonedas en el Mundo: Diferencias Jurisdiccionales y Paraísos Fiscales

Las criptomonedas son globales por naturaleza, pero las leyes fiscales no lo son. Uno de los mayores errores que cometen los usuarios de criptomonedas es asumir que las reglas fiscales de su país de origen se aplican en todas partes. En realidad, cada país trata las criptomonedas de manera diferente – algunos favorablemente y otros de forma severa. Ya seas un nómada digital, trabajador remoto, empresario o inversionista, comprender las diferencias jurisdiccionales en la tributación de las criptomonedas puede marcar la diferencia entre conservar tus ganancias o perderlas ante el fisco.

Comencemos con Estados Unidos, donde las criptomonedas se consideran propiedad y están sujetas a impuestos sobre ganancias de capital e ingresos. El IRS exige reportes detallados para cada evento imponible, incluyendo operaciones, ingresos, recompensas de staking, airdrops y ventas de NFTs. Las ganancias de capital a largo plazo se gravan con tasas más bajas (0–20%), mientras que las ganancias a corto plazo y los ingresos se gravan según tu tasa ordinaria. Estados Unidos también tiene estrictas leyes de reporte de activos extranjeros bajo FATCA y FBAR, y los ciudadanos estadounidenses pagan impuestos sobre sus ingresos mundiales incluso si viven en el extranjero.

En contraste, el Reino Unido trata las criptomonedas como propiedad bajo las directrices de HMRC. El impuesto sobre ganancias de capital se aplica al vender, intercambiar o regalar criptomonedas, mientras que el impuesto sobre ingresos se aplica a minería, staking y airdrops. HMRC permite agrupar activos para calcular la base de costo, pero exige registros detallados de cada transacción. Existe una exención anual para ganancias de capital, pero las ganancias que superan ese límite se gravan progresivamente.

Canadá trata las criptomonedas como mercancías. Las operaciones se gravan bajo reglas de ganancias de capital, pero el trading frecuente o la minería pueden clasificarse como ingresos comerciales – gravados a tasas más altas y sin trato preferencial. Canadá tampoco permite intercambios equivalentes ("like-kind exchanges") y exige reportes estrictos. No declarar ingresos puede resultar en fuertes sanciones e intereses.

Alemania ofrece una oportunidad única: si mantienes criptomonedas durante más de un año, cualquier ganancia está libre de impuestos para individuos. Sin embargo, si vendes dentro de un año y la ganancia supera los €600, se aplican impuestos. La minería, el staking y las actividades comerciales se gravan como ingresos. Esto convierte a Alemania en una ubicación atractiva para los HODLers de largo plazo, pero riesgosa para traders activos.

Portugal suele considerarse un paraíso fiscal para criptomonedas. Al momento de escribir esto, los individuos privados no enfrentan impuestos sobre ganancias de capital por ventas de criptomonedas, y la mayoría de las recompensas de staking y airdrops también están exentas. Sin embargo, Portugal está evolucionando sus leyes, y el trading profesional o actividades comerciales eventualmente podrían quedar sujetos a impuestos. Los nómadas digitales acuden aquí por la baja carga fiscal, pero los cambios se acercan.

Suiza, conocida por su favorable entorno financiero, clasifica las criptomonedas como riqueza personal. No existe impuesto sobre ganancias de capital para individuos privados, pero sí se aplica impuesto sobre patrimonio basado en las tenencias totales. El staking y la minería pueden estar sujetos a impuesto sobre ingresos. Los cantones suizos también tienen autonomía local, creando variaciones regionales en la política cripto.

Singapur ofrece otra jurisdicción favorable para criptomonedas. No existe impuesto sobre ganancias de capital, y la tenencia a largo plazo está completamente libre de impuestos. Las empresas que operan con criptomonedas como parte de sus actividades sí pagan impuestos sobre ganancias, pero los individuos disfrutan de gran libertad. Esto ha convertido a Singapur en un centro para startups e inversionistas cripto.

Mientras tanto, los Emiratos Árabes Unidos (EAU) — especialmente Dubai y Abu Dhabi — ofrecen estatus libre de impuestos para muchos tipos de actividades cripto. No hay impuesto sobre ingresos, no hay impuesto sobre ganancias de capital y no existen reportes obligatorios sobre operaciones cripto para residentes en zonas francas designadas. Existen visas de residencia y negocios disponibles para inversionistas y emprendedores cripto, haciendo de los EAU una jurisdicción atractiva para preservar riqueza.

En el otro extremo del espectro están países como India, que ha introducido un impuesto fijo del 30% sobre todas las ganancias en criptomonedas — sin permitir compensar pérdidas. Cada transacción es gravada y además existe un impuesto adicional del 1% deducido en la fuente (TDS) en ciertas transferencias. Esto ha llevado a muchos usuarios indios de criptomonedas a mover activos al extranjero o incluso reubicarse completamente.

China, aunque hostil hacia el trading de criptomonedas, aún se encuentra definiendo su marco tributario. El gobierno ha prohibido la mayoría de las formas de uso de criptomonedas, pero podrían aplicarse impuestos en casos donde se detecte actividad. De manera similar, Russia ha propuesto regulaciones y tributaciones agresivas, incluyendo reportes obligatorios para tenencias superiores a ciertos límites.

Si eres usuario de criptomonedas y estás considerando reubicación, presta mucha atención a las reglas de residencia fiscal. Simplemente pasar tiempo en un paraíso fiscal no significa que estés exento. La mayoría de los países definen residencia fiscal mediante presencia física (por ejemplo, la regla de 183 días), centro de intereses vitales o domicilio legal. Algunos países gravan a los ciudadanos sobre ingresos mundiales sin importar residencia (como Estados Unidos), mientras que otros solo gravan a residentes.

Crear entidades offshore o cuentas bancarias internacionales no reduce automáticamente las obligaciones fiscales. De hecho, hacerlo incorrectamente puede activar requisitos de reporte y escrutinio adicional. La optimización fiscal legal requiere planificación, transparencia y cumplimiento — no secreto.

En conclusión, el tratamiento fiscal de las criptomonedas es uno de los factores estratégicos más importantes en la gestión de tu riqueza. Comprendiendo las diferencias entre países — y planificando en consecuencia — puedes reducir legalmente tu carga fiscal, preservar una mayor parte de tus ganancias y alinear tu estilo de vida con tus metas financieras. La jurisdicción correcta puede convertir un buen año cripto en uno extraordinario, mientras que la equivocada puede borrar tus ganancias en impuestos.

La historia de Diego

Diego estaba de pie en el balcón de su apartamento alquilado en Lisbon, tomando espresso y observando los techos anaranjados brillar bajo el sol de la mañana. Acababa de terminar una videollamada con su contador en California y, por primera vez en años, se sentía financieramente libre. No porque su cartera hubiera explotado — aunque se había duplicado el año anterior — sino porque finalmente había dejado de perder dinero en impuestos. Mudarse a Portugal había cambiado todo.

Solo doce meses antes, Diego se estaba ahogando en obligaciones fiscales relacionadas con criptomonedas. Había construido un negocio exitoso alrededor de consultoría NFT y trading de activos digitales, y aunque sus ingresos eran sólidos, su factura fiscal estadounidense era brutal. Impuesto sobre ingresos, impuesto de trabajo independiente, ganancias de capital a corto plazo — sentía que el IRS se llevaba un tercio de todo lo que ganaba. Había escuchado rumores en internet sobre paraísos fiscales cripto, pero nunca pensó que fueran opciones reales — hasta que alcanzó su límite.

"Solo quiero conservar más de lo que gano", le dijo a su asesor fiscal durante una frustrante llamada por Zoom. "¿No existe algún lugar en la Tierra donde no me castiguen por tener éxito?"

Su asesor hizo una pausa y respondió cuidadosamente: "¿Has considerado convertirte en residente fiscal en otro lugar? Portugal, por ejemplo."

Esa pregunta inició un viaje. Diego comenzó a investigar leyes fiscales internacionales, dejando atrás hilos de Reddit para sumergirse en documentos legales, programas de residencia global y whitepapers. Lo que descubrió lo sorprendió: algunos países no solo toleraban las criptomonedas — las recibían con entusiasmo.

Portugal, donde ahora se encontraba, era un ejemplo perfecto. Los individuos privados no pagaban impuestos sobre ganancias de capital en criptomonedas. ¿Ingresos por staking? Frecuentemente ignorados. ¿Actividad de trading? Regulación mínima. Mientras no operaras un negocio formal de criptomonedas, el gobierno portugués prácticamente te dejaba en paz. Sin interminables formularios. Sin Formulario 8949. Sin FATCA. Era libertad — y era legal.

Se unió a grupos de Telegram para expatriados, consultó abogados de inmigración y eventualmente solicitó la visa D7, que otorga residencia basada en ingresos pasivos o trabajo independiente. En pocos meses, consiguió un lugar para vivir, actualizó su dirección legal y abrió una cuenta bancaria local. Nunca se había sentido tan en control de sus finanzas.

Pero Diego no era ingenuo. Aprendió que las reglas de residencia variaban en todas partes. En algunos países, 183 días eran suficientes. En otros, todo dependía del "centro de intereses vitales" — dónde trabajabas, tenías cuentas bancarias y vínculos personales. Cortó lazos innecesarios con Estados Unidos, mantuvo sus viajes de regreso cortos y documentó todo. No quería ninguna ambigüedad si alguna vez era auditado.

Desde Portugal, conoció a otros expatriados cripto que habían encontrado hogar en Dubai, Singapore y Switzerland. Un desarrollador italiano que conoció en un café se había mudado a los Emiratos Árabes Unidos, disfrutando ingresos libres de impuestos en las zonas francas amigables con criptomonedas de Dubai. Un programador francés adoraba la vida en Singapur, donde las ganancias de capital prácticamente no existían. Otros estaban observando Puerto Rico, donde ciudadanos estadounidenses podían reducir la carga fiscal federal sin renunciar a sus pasaportes — si cumplían requisitos estrictos bajo las Leyes 60 y 20.

Sin embargo, no todas las historias eran inspiradoras. Un desarrollador de India se mudó a Thailand esperando evitar el severo impuesto cripto del 30% en India. Pero debido a que no cambió correctamente su residencia fiscal, seguía debiendo impuestos en su país — además de sanciones por no reportar airdrops. Otro trader, basado en Alemania, pensó que estaba libre de impuestos después de un año de tenencia, solo para descubrir que el trading frecuente con margen reclasificó su actividad como negocio bajo la ley local.

Diego tomó notas. Contrató a un consultor fiscal internacional para ayudarle a mantenerse en cumplimiento en ambos lados. No intentaba esconderse. Estaba construyendo un negocio global y quería jugar bajo las reglas — simplemente en un lugar con reglas más inteligentes.

Ahora pasaba sus días realizando webinars, consultando proyectos NFT e invirtiendo a largo plazo — todo desde su laptop. Sin pesadas cargas fiscales. Sin miedo a auditorías. Sentía que había entrado en el futuro — donde el dinero no tenía fronteras y la libertad no se trataba solo de ganancias financieras, sino de tener la estrategia correcta en el país correcto.

Las criptomonedas habían abierto la puerta. El conocimiento fiscal internacional había girado la llave. Y ahora, la riqueza de Diego no solo estaba creciendo — estaba protegida.

Capítulo 7: Estructuras Legales para Empresas e Inversionistas en Criptomonedas

A medida que las criptomonedas maduran y pasan de ser inversiones especulativas a convertirse en una industria completa, muchos participantes descubren que están avanzando más allá del trading casual hacia actividades empresariales formales. Ya sea que estés lanzando un token, operando una granja de minería, ofreciendo staking como servicio, comprando y vendiendo NFTs o administrando la tesorería de una DAO, podrías beneficiarte de establecer una estructura legal para proteger tus activos, limitar responsabilidades y optimizar impuestos.

La primera y más común estructura para emprendedores cripto individuales es la Limited Liability Company (LLC). En jurisdicciones como Estados Unidos, una LLC es relativamente fácil de formar y proporciona protección de responsabilidad personal. Esto significa que tus cuentas bancarias y activos personales permanecen separados de las deudas comerciales o disputas legales. Para mineros de criptomonedas, validadores, consultores y creadores de contenido, formar una LLC puede legitimar operaciones y desbloquear ventajas fiscales como deducciones comerciales por internet, equipos, software y electricidad.

Sin embargo, las LLC tienen un tratamiento fiscal predeterminado como entidades "pass-through", lo que significa que los ingresos se gravan en tu declaración personal a menos que elijas otra opción. En algunos casos, particularmente con ingresos más grandes o reinversiones, podrías optar por una S-corporation (en Estados Unidos), que puede reducir impuestos de trabajo independiente y permitirte pagarte un salario más distribuciones. Pero esto viene acompañado de mayor cumplimiento, configuración de nómina y documentación más estricta.

Los inversionistas en criptomonedas que administran grandes carteras o trabajan con otros socios a menudo consideran Limited Partnerships (LPs) o C-corporations. Estas estructuras son útiles para inversiones estilo capital de riesgo, fondos agrupados o empresas de servicios cripto. Una C-corporation, aunque sujeta a doble tributación en Estados Unidos, puede ofrecer flexibilidad para inversionistas internacionales, emisión de acciones y posibles adquisiciones futuras. En el mundo startup, muchos fundadores cripto eligen C-corps de Delaware para recaudar capital de riesgo — incluso si viven en el extranjero.

A nivel internacional, jurisdicciones como Switzerland, Singapore, Estonia y las British Virgin Islands se han convertido en centros populares para incorporar empresas cripto debido a sus regulaciones claras sobre activos digitales, regímenes fiscales favorables y entornos amigables para los negocios. Sin embargo, simplemente crear una empresa offshore no hace que tus ingresos queden libres de impuestos. También debes romper tu residencia fiscal con tu país de origen y cumplir con requisitos locales de sustancia económica, incluyendo oficinas, empleados o administración activa.

Para las DAOs (Organizaciones Autónomas Descentralizadas), la estructuración legal todavía está evolucionando. Algunas DAOs operan sin ninguna estructura legal formal, lo que puede exponer a los miembros a responsabilidad personal. Otras eligen incorporarse como LLCs en Wyoming, que se convirtió en el primer estado de Estados Unidos en reconocer DAOs como entidades legales. Esto permite que la DAO firme contratos, posea propiedad intelectual y abra cuentas bancarias. Sin embargo, la gobernanza y el cumplimiento de las DAOs aún requieren reglas internas, administración fuera de cadena y claridad sobre deberes fiduciarios y tributación.

Los fondos de cobertura cripto, proyectos NFT y startups Web3 también pueden establecer estructuras de fundación, particularmente en Zug, Switzerland, las Cayman Islands o Panama. Estas entidades similares a organizaciones sin fines de lucro se utilizan para administrar proyectos de código abierto, reservas de tesorería y asignaciones de tokens mientras mantienen descentralización. Sin embargo, son complejas de establecer, costosas de mantener y requieren orientación legal para evitar abusos o desafíos regulatorios.

En todos los casos, es fundamental considerar el tratamiento fiscal de la entidad. ¿Dónde es residente fiscal? ¿Qué ingresos se reportan? ¿Las transacciones cripto se reconocen como ingresos comerciales, ganancias de capital o algo distinto? ¿Y cómo se paga a los propietarios — salario, dividendos o distribuciones en criptomonedas? Estas preguntas deben abordarse desde el principio para evitar auditorías complicadas o doble tributación más adelante.

Además, establecer la estructura legal correcta abre la puerta a herramientas tradicionales como banca empresarial, crédito, seguros y contratos. Esto es especialmente importante para inversionistas que trabajan con dinero de terceros, recaudan capital u operan plataformas. Sin un escudo legal, un solo error podría derivar en demandas o responsabilidades fiscales que afecten tus finanzas personales.

Finalmente, la claridad regulatoria aún está poniéndose al día. Nuevas leyes en la Unión Europea, Reino Unido, Estados Unidos y Asia evolucionan rápidamente. Dependiendo de lo que haga tu negocio cripto — emitir tokens, administrar billeteras, procesar pagos u ofrecer servicios financieros – podrías necesitar licencias o registros (por ejemplo, MSB, VASP, EMI, etc.). Saltarse este paso podría colocarte del lado equivocado de las autoridades regulatorias.

En resumen, establecer la estructura legal correcta para tu actividad en criptomonedas no se trata solo de cumplimiento — se trata de control, protección, escalabilidad y tranquilidad. Ya seas un operador individual o un equipo en crecimiento, dar este paso transforma tu actividad cripto en un negocio legítimo y preparado para el futuro.

La startup de Amara

Amara nunca imaginó que se convertiría en la CEO de una startup de análisis de criptomonedas. Hace apenas un año, publicaba análisis gratuitos de trading en Twitter y administraba un grupo de Telegram para principiantes. Pero a medida que su contenido ganó popularidad, comenzaron a llegar patrocinadores, clientes solicitando consultoría y un amigo le ofreció asociarse para construir un panel de tendencias del mercado NFT. Fue entonces cuando comprendió algo — esto ya no era un simple ingreso extra. Era un negocio. Y no tenía ninguna estructura legal.

Al principio, lo ignoró. Todo iba bien — el dinero fluía en stablecoins, tenía una hot wallet para gastos y llevaba sus ingresos en una hoja de cálculo. Pero luego ocurrieron dos cosas que la obligaron a tomárselo en serio. Primero, una gran marca pidió firmar un contrato con ella... pero insistió en trabajar únicamente con empresas incorporadas. Segundo, recibió una notificación de su exchange cripto marcando actividad sospechosa y solicitando documentación. Su billetera personal había recibido más de $100,000 en ingresos y los sistemas de cumplimiento lo habían detectado.

Contactó a un amigo suyo, abogado especializado en criptomonedas en New York. "Estás ganando dinero real", le dijo. "Si algo sale mal — si alguien te demanda o si falla un contrato inteligente — eres personalmente responsable a menos que formes una entidad comercial." Le explicó que una Limited Liability Company (LLC) protegería sus activos personales y crearía una separación legal entre ella y el negocio. Además, abriría puertas a banca empresarial, crédito e incluso inversión.

Amara registró una LLC en Wyoming, uno de los estados más amigables con las criptomonedas en Estados Unidos. El proceso fue rápido, económico y completamente en línea. Poco después, abrió una cuenta bancaria empresarial, creó un sistema de contabilidad y comenzó a pagarse un pequeño salario desde la LLC. Por primera vez, su operación se sentía oficial — y segura.

No estaba sola. En una reunión de fundadores cripto en Austin, conoció desarrolladores que habían formado C-corporations para atraer capital de riesgo. Querían construir aplicaciones DeFi y necesitaban una estructura escalable para acciones, asignación de tokens y claridad legal. Otros habían formado DAOs y exploraban el nuevo registro DAO LLC de Wyoming, que les proporcionaba una estructura legal para proyectos descentralizados. "Antes manejábamos todo desde una billetera multisig", dijo un fundador. "Ahora tenemos estatutos, un agente registrado e incluso presupuesto legal."

Amara también conoció a un inversionista alemán que administraba un fondo de cobertura cripto mediante una entidad en las Islas Vírgenes Británicas (BVI), utilizando directores nominales y banca offshore. Aunque impresionada,

Amara sintió que la complejidad era excesiva para sus necesidades. "No estoy intentando esconderme", dijo. "Solo quiero estar en cumplimiento y protegida."

Aun así, la idea de la estructuración global permaneció en su mente. Habló con un asesor sobre Singapore, donde las startups pueden incorporarse con impuestos mínimos sobre ganancias cripto, y Switzerland, hogar del llamado "Crypto Valley" en Zug. Estas jurisdicciones recibían con entusiasmo la innovación cripto y ofrecían marcos legales más claros que la mayoría de los países occidentales. Si su startup crecía, podría abrir una subsidiaria o trasladar parte de sus operaciones.

Luego llegaron las preguntas sobre impuestos. Su abogado le explicó que los ingresos comerciales se gravaban de manera diferente a las ganancias de capital personales. Ahora podía deducir gastos legítimos – suscripciones de software, equipos de computación, tarifas de gas para billeteras y viajes a conferencias cripto. Pero tenía que mantener registros. Buenos registros. Así que contrató a una contadora y comenzó a utilizar una plataforma de contabilidad integrada con sus billeteras.

Una noche recibió un correo electrónico de un protocolo DeFi solicitando una asociación formal. Le pidieron firmar un acuerdo, enviar facturas y pasar verificaciones KYC para transacciones B2B. Hace solo un año, habría entrado en pánico. Ahora simplemente reenvió el correo a su abogado y equipo financiero. Su LLC ya tenía una plantilla de contrato. Sus facturas incluían identificaciones fiscales. Su negocio estaba listo.

Para Amara, formar una estructura legal no se trataba solo de cumplimiento — se trataba de madurez. Había transformado su actividad cripto en una empresa real y escalable. No la frenó — aceleró su crecimiento. Y en una industria llena de incertidumbre, esa claridad se sentía como una ventaja competitiva.

Capítulo 8: Mantenerse en Cumplimiento: Auditorías, Sanciones y Estrategias de Reducción de Riesgos

A medida que los gobiernos de todo el mundo se ponen al día con la escala y complejidad de los mercados de criptomonedas, las agencias fiscales han comenzado a reforzar el cumplimiento con un escrutinio cada vez mayor. Los días de pasar desapercibido están desapareciendo rápidamente. Ya seas un inversionista ocasional o un emprendedor cripto de tiempo completo, mantenerse en cumplimiento ya no es opcional — es esencial para proteger tus activos y tu tranquilidad. Este capítulo explica cómo evitar auditorías, minimizar sanciones y mantenerse un paso adelante mediante estrategias efectivas de gestión de riesgos.

Comencemos con las auditorías. En la mayoría de los países, autoridades fiscales como el IRS (Estados Unidos), HMRC (Reino Unido), CRA (Canadá) y ATO (Australia) pueden auditar tus registros financieros durante varios años después de presentar una declaración. Aunque no todos los poseedores de criptomonedas enfrentarán una auditoría, ciertas señales de alerta aumentan la probabilidad. Estas incluyen ganancias reportadas inusualmente altas, trading frecuente sin ingresos reportados, discrepancias entre los datos reportados por exchanges y tus propias declaraciones, o responder deshonestamente preguntas relacionadas con criptomonedas en tu declaración fiscal.

Una de las maneras más simples de reducir el riesgo de auditoría es mantener registros precisos y organizados. Esto incluye registros detallados de todas las transacciones cripto: fechas, montos, base de costo, ingresos obtenidos, valor justo de mercado y comisiones asociadas. Ya sea que utilices una hoja de cálculo, software fiscal para criptomonedas o un contador profesional, tus registros deben ser fáciles de acceder, estar preparados para auditorías y actualizarse regularmente. No mantener documentación adecuada es una de las formas más rápidas de perder una auditoría — incluso si tus intenciones fueron honestas.

Si eres auditado, prepárate para proporcionar no solo los datos reportados, sino también evidencia de respaldo — estados de exchanges, capturas de exploradores blockchain, reportes de software fiscal y registros de conversiones a moneda fiduciaria. En muchas jurisdicciones, la carga de la prueba recae sobre ti, no sobre el gobierno. Si no puedes demostrar de dónde provienen tus criptomonedas o cómo las valoraste, la agencia puede hacer suposiciones a su favor.

Luego están las sanciones. Estas pueden ir desde multas leves por declaraciones tardías hasta importantes cargos por intereses debido a ingresos subreportados. En casos graves, especialmente aquellos que involucran evasión deliberada o grandes ganancias no reportadas, pueden existir sanciones penales — incluyendo prisión. Aunque son raros, ya han ocurrido casos donde inversionistas y traders enfrentaron consecuencias legales por ignorar sus obligaciones fiscales relacionadas con criptomonedas. El camino más seguro es la divulgación temprana y la corrección voluntaria si descubres un error.

Muchos gobiernos ofrecen programas de divulgación voluntaria (VDPs) o períodos de amnistía. Estos permiten a los contribuyentes presentarse voluntariamente, corregir errores pasados y pagar impuestos adeudados con sanciones reducidas o eliminadas. Si nunca has reportado ingresos cripto o sospechas que cometiste un error, es prudente actuar rápidamente. Esperar hasta que el gobierno te contacte elimina la opción de divulgación voluntaria.

Otra poderosa estrategia de reducción de riesgos son los pagos estimados de impuestos. En jurisdicciones como Estados Unidos, si esperas deber más de cierta cantidad en impuestos, estás obligado a realizar pagos estimados trimestrales. Esto aplica especialmente a personas que reciben ingresos por staking, pagos freelance en criptomonedas o realizan trading frecuente. No realizar pagos estimados puede generar sanciones por subpago, incluso si presentas tu declaración a tiempo. Planificar con anticipación y apartar un porcentaje de tus ingresos cripto para impuestos cada trimestre puede prevenir sorpresas posteriores.

Para negocios cripto y trabajadores independientes, separar fondos es fundamental. Mantén billeteras separadas para uso personal y operaciones comerciales. Crea una "billetera fiscal" donde transfieras un porcentaje de cada evento de ingresos para mantenerlo reservado. Estas prácticas no solo mejoran el cumplimiento, sino que también facilitan la gestión del flujo de efectivo y reducen la exposición a auditorías.

También debes tener en cuenta que las reglas de reporte de exchanges se están endureciendo. Las principales plataformas ahora están obligadas a enviar datos de transacciones directamente a las agencias fiscales, muchas veces sin notificar a los usuarios. En Estados Unidos, la nueva legislación bajo la Infrastructure Investment and Jobs Act amplía las obligaciones de reporte para brokers, potencialmente incluyendo DEXs y proveedores de billeteras. El resultado es mayor transparencia — y menos espacio para incumplimiento.

A nivel internacional, el Crypto-Asset Reporting Framework (CARF) de la OECD está siendo adoptado por muchos países. Este acuerdo global creará un sistema estandarizado de intercambio de datos entre autoridades fiscales, similar a FATCA y CRS en el sistema bancario. Incluso si te mudas al extranjero, tus actividades cripto aún podrían ser reportadas a tu país de origen.

Finalmente, trabajar con profesionales calificados puede ahorrarte mucho más de lo que cuesta. Un contador especializado en criptomonedas puede ayudarte a estructurar tus actividades, asegurar la clasificación correcta entre ingresos y ganancias de capital y mantenerte informado sobre reglas en evolución. Los asesores legales pueden ayudarte con formación empresarial, estructuración internacional y defensa en auditorías.

En resumen, el cumplimiento ya no es una preocupación de nicho — es un elemento fundamental para construir y preservar riqueza en criptomonedas. Comprender cómo funcionan las auditorías, cómo surgen las sanciones y cómo planificar proactivamente te permite proteger todo lo que has construido y prosperar en un entorno cada vez más regulado.

Las opciones de alivio de sanciones de Tariq

Tariq nunca se había preocupado demasiado por los impuestos. Un talentoso desarrollador blockchain e inversionista temprano en múltiples altcoins, siempre se enfocó más en construir y hacer HODL que en reportar. Para él, las criptomonedas eran una revolución, no algo destinado a quedar enterrado en papeleo. Pero esa ilusión se rompió un lunes por la mañana cuando llegó una carta del Servicio de Impuestos Internos con la palabra "Auditoría" en negrita.

Su corazón se hundió. Había presentado sus impuestos el año anterior mediante un servicio estándar en línea, ingresando números básicos de memoria y esperando lo mejor. No había mantenido registros detallados de transacciones, no había utilizado software fiscal y ciertamente no había contratado a un profesional. La mayor parte de su actividad — intercambiar tokens, yield farming y recibir airdrops — se había realizado en múltiples billeteras y plataformas descentralizadas. "No hay manera de que puedan rastrear todo esto", solía decir. Pero ahora parecía que sí podían.

La notificación de auditoría solicitaba registros detallados de transacciones durante dos años, incluyendo todas las operaciones, eventos de ingresos y direcciones de billeteras. El pánico apareció. Tariq comenzó desesperadamente a reunir datos de sus exchanges — algunos habían cerrado y otros requerían días para enviar estados de cuenta. Sus transacciones de MetaMask eran una pesadilla de intercambios y transferencias, muchas de las cuales ya ni siquiera podía identificar. Y había recibido múltiples airdrops que nunca valoró — ni reportó.

Contactó a una abogada fiscal especializada en criptomonedas. "No eres el primero", le aseguró. "Pero necesitamos reconstruir tu actividad rápidamente. Ellos asumirán lo peor a menos que podamos demostrar lo contrario."

Durante días, Tariq se sumergió en exploradores blockchain, reconstruyendo su historial de transacciones. Utilizó software fiscal cripto para importar los datos de sus billeteras y generar un borrador del Formulario 8949. Fue revelador. Había tenido más de 200 eventos imponibles en un solo año — muchos de los cuales había olvidado. Peor aún, sus ingresos por staking habían sido considerables y nunca había declarado ni un dólar de ellos.

La abogada lo ayudó a preparar una declaración corregida y una carta explicando su desconocimiento, junto con pruebas de que ahora estaba en cumplimiento. También aprendió sobre opciones de alivio de sanciones — debido a que actuó rápidamente y cooperó, el IRS tenía más probabilidades de reducir las multas. Aun así, debía impuestos atrasados e intereses. Fue doloroso, pero estaba decidido a corregirlo.

Después de que terminó la auditoría, Tariq tomó una decisión: nunca más. Contrató a un contador especializado en criptomonedas para presentar pagos estimados trimestrales. Comenzó a usar billeteras dedicadas para ingresos comerciales y separó sus inversiones a largo plazo. Empezó a guardar el 30% de cada recompensa DeFi en una "billetera fiscal" y configuró recordatorios de calendario para fechas límite de presentación.

También tomó medidas para protegerse en el futuro. Mantuvo carpetas organizadas con exportaciones CSV, recibos de contratos inteligentes y datos de valoración para cada token recibido. Para monedas desconocidas, comenzó a guardar capturas de CoinGecko y CoinMarketCap para verificar precios. Su enfoque pasó de reactivo a proactivo.

En una reunión local de criptomonedas, compartió su historia esperando evitar que otros cometieran el mismo error. Un joven desarrollador lo descartó: "Nunca he reportado nada y me ha ido bien."

Tariq negó con la cabeza. "Yo también decía eso... hasta que dejó de ser cierto."

La multitud guardó silencio. Explicó cómo los exchanges ahora reportaban datos de usuarios al IRS, cómo los marcos internacionales de reporte estaban cerrando vacíos legales y cómo incluso las aplicaciones descentralizadas podían rastrearse con las herramientas adecuadas. "Las criptomonedas no son invisibles", dijo. "Son transparentes. Ese es justamente el punto."

A medida que la industria maduraba, Tariq también lo hacía. Seguía creyendo en la descentralización, la libertad y la soberanía individual. Pero también sabía que ignorar el aspecto legal podía destruir todo lo que había construido. El cumplimiento no se trataba de rendirse — se trataba de proteger tus ganancias, tu reputación y tu futuro.

Capítulo 9: NFTs e Impuestos: Arte, Regalías y Ganancias Especulativas

Los Tokens No Fungibles (NFTs) han añadido una dimensión completamente nueva al ecosistema de las criptomonedas. Desde arte digital y música hasta terrenos virtuales, activos de videojuegos e imágenes de perfil, los NFTs ofrecen a creadores y coleccionistas nuevas formas de ganar dinero e interactuar. Sin embargo, su popularidad también ha creado complejidades fiscales que muchas personas todavía no comprenden completamente. Las líneas entre uso personal, inversión y actividad comercial pueden volverse borrosas — por lo que es esencial entender cómo se gravan los NFTs, cuándo los eventos son reportables y cómo rastrearlos correctamente.

Comencemos con el escenario más común: comprar y vender NFTs. Cuando compras un NFT utilizando criptomonedas — como adquirir una obra de arte digital con Ethereum — estás participando en un evento imponible. Esto se debe a que estás disponiendo de ETH, el cual se clasifica como propiedad en la mayoría de las jurisdicciones. Esto significa que debes calcular la ganancia o pérdida basándote en la diferencia entre el precio al que adquiriste el ETH y su valor en el momento de la compra del NFT.

Ahora supongamos que más tarde vendes ese NFT con ganancias. Esa venta también es un evento imponible. La ganancia de capital se calcula como la diferencia entre el precio de venta del NFT y su base de costo (lo que pagaste por él, incluyendo tarifas de gas). Si mantuviste el NFT durante más de un año, podrías calificar para impuestos sobre ganancias de capital a largo plazo en algunas jurisdicciones; de lo contrario, se considera de corto plazo y se grava según tu tasa ordinaria de ingresos.

En países como Estados Unidos, las ganancias de NFTs generalmente se tratan como ganancias de capital, a menos que seas considerado comerciante o hagas trading activamente como negocio. En esos casos, las ganancias pueden gravarse como ingresos comerciales, lo que puede resultar en tasas impositivas efectivas más altas — pero también puede abrir la puerta a deducciones empresariales. Los artistas y creadores que acuñan NFTs y los venden directamente reciben un tratamiento fiscal diferente.

Si eres creador de NFTs, los ingresos provenientes de la venta inicial generalmente se gravan como ingresos ordinarios, no como ganancias de capital. Por ejemplo, si acuñas y vendes una obra de arte digital por 1 ETH, debes reportar el valor justo de mercado de ese ETH en tu moneda local al momento de la venta como ingreso obtenido. Esto aplica incluso si el comprador pagó con tokens o stablecoins.

En muchas jurisdicciones, los creadores también deben recaudar y remitir impuestos sobre ventas o IVA, dependiendo de la ubicación del comprador. Esto puede ser difícil en entornos descentralizados, por lo que los creadores podrían necesitar trabajar con plataformas o herramientas de terceros para garantizar el cumplimiento.

Las regalías obtenidas por ventas en mercados secundarios — donde recibes un porcentaje cada vez que el NFT cambia de manos — también se consideran ingresos. Estas generalmente se gravan en el momento en que se reciben. Incluso si los tokens permanecen en tu billetera y no se convierten en moneda fiduciaria, su valor justo de mercado debe reportarse como ingreso en la fecha de recepción.

Para los inversionistas en NFTs, la valoración puede ser complicada. A diferencia de las criptomonedas con precios de mercado consistentes, los NFTs son ilíquidos y muchas veces subjetivos en valor. Esto hace que determinar el valor justo de mercado sea más difícil para fines fiscales. Algunas autoridades fiscales pueden aceptar el último precio de venta o el precio mínimo ("floor price") en un mercado reconocido. Si no existe actividad reciente de mercado, estimar el valor se convierte en una zona gris que requiere documentación cuidadosa y supuestos conservadores.

Las tarifas de gas son otro elemento importante. Al acuñar, comprar o vender NFTs, las tarifas de gas pueden ser significativas. Afortunadamente, estas tarifas suelen ser deducibles o pueden añadirse a la base de costo, reduciendo tu ganancia imponible. Por ejemplo, si compras un NFT por 0.5 ETH y pagas una tarifa de gas de 0.05 ETH, tu base de costo total es 0.55 ETH. Si luego vendes el NFT por 1 ETH, tu ganancia de capital se basa en 1 ETH menos 0.55 ETH, no solo el precio de compra.

Algunas actividades relacionadas con NFTs pueden considerarse ingresos por hobby, especialmente si se realizan ocasionalmente o por disfrute personal. Sin embargo, esta distinción es riesgosa, especialmente cuando hay grandes cantidades de dinero involucradas. Declarar ingresos como hobby puede impedirte deducir ciertos gastos, por lo que es importante comprender cómo tu jurisdicción define actividad comercial versus hobby.

Para el reporte fiscal, las transacciones NFT deben rastrearse meticulosamente. Esto incluye:

Fecha y hora de compra o acuñación

Fecha y hora de venta o transferencia

ID del token y nombre del activo

Criptomoneda utilizada y su valor justo de mercado en el momento de la transacción

Tarifas de gas pagadas

Regalías obtenidas (incluyendo tipo de token y valor)

Varias plataformas fiscales para criptomonedas ahora admiten NFTs, pero frecuentemente se requiere entrada manual. También podrías necesitar extraer metadatos de mercados como OpenSea o Rarible para verificar transacciones.

Finalmente, las regulaciones están evolucionando. En Estados Unidos, los NFTs eventualmente podrían tratarse de manera similar a los objetos de colección, lo que podría resultar en una tasa más alta de impuestos sobre ganancias de capital (hasta 28%). El IRS ha insinuado esta posibilidad, pero aún no ha emitido orientación formal. Otros países podrían tratar los NFTs como activos intangibles, coleccionables o incluso valores financieros, dependiendo de cómo se utilicen y comercialicen.

En conclusión, los NFTs ofrecen un potencial increíble para la creación de riqueza, expresión artística e innovación — pero también vienen acompañados de verdaderas responsabilidades fiscales. Ya seas coleccionista, creador o inversionista, comprender el tratamiento fiscal de los NFTs puede ayudarte a evitar sorpresas costosas y mantenerte adelante en un espacio que evoluciona rápidamente.

Cómo Sierra comenzó su nuevo negocio

Sierra no tenía intención de iniciar un negocio — solo quería compartir su arte con el mundo. Ilustradora digital de Los Angeles, había creado paisajes surrealistas y escenas animadas de ensueño durante años. Pero cuando un amigo le presentó los NFTs a principios de 2021, todo cambió. De repente, estaba acuñando su arte, listándolo en OpenSea y observando cómo llegaban las ofertas. En menos de seis meses, había ganado más dinero con NFTs que en los tres años anteriores de trabajo freelance. Lo que no sabía era que las autoridades fiscales también estaban observando.

Al principio fue emocionante. Cada pieza que acuñaba se vendía entre 0.5 y 2 ETH. Los coleccionistas adoraban su trabajo, sus seguidores en redes sociales explotaron y hasta una revista la contactó para una entrevista. Pero a medida que se acercaba la temporada fiscal, la emoción se transformó en ansiedad. Nunca antes había trabajado con criptomonedas. Había estado recibiendo ETH, convirtiendo parte a USDC, manteniendo otros en su billetera — y nunca pensó en las implicaciones fiscales.

Cuando se reunió con un preparador de impuestos, él parecía preocupado. "¿Conoces el valor del ETH que recibiste en el momento de cada venta?", preguntó.

"No realmente", admitió. "Solo llevaba cuenta de cuánto ETH recibía. Asumí que solo pagaría impuestos cuando los convirtiera a dólares."

Él negó con la cabeza. "Recibiste ingresos en el momento en que alguien compró tu NFT. El IRS quiere conocer el valor justo de mercado en USD ese día — incluso si no convertiste nada. Y no olvides las regalías."

La mandíbula de Sierra cayó. Ni siquiera había pensado en las regalías del 10% que estaba ganando en reventas. Se depositaban directamente en su billetera desde plataformas como Foundation y Rarible. Para ella eran bonos — sorpresas. Pero para el gobierno eran ingresos imponibles.

Comenzaron a revisar sus registros. Algunas transacciones eran fáciles de rastrear — ventas mediante OpenSea con marcas de tiempo y valores en ETH. Otras, como regalías o transferencias directas de coleccionistas privados, eran más difíciles de seguir. Y luego estaban las tarifas de gas — algunas veces superiores a $100 por acuñación. No tenía idea de que podían añadirse a su base de costo para reducir su obligación tributaria.

Se sintió abrumada, pero decidida a corregir las cosas. Con ayuda de su contador, reconstruyó sus ingresos: $18,500 en ventas primarias de NFTs y $4,200 en regalías. Todo sería gravado como ingreso ordinario, no como ganancias de capital. Y debido a que aún no tenía una LLC, tendría que pagar además impuestos de trabajo independiente.

Más tarde esa semana, Sierra se unió a una llamada en Discord con otros artistas NFT. Compartían historias — algunos habían formado LLCs y otros utilizaban software fiscal cripto para automatizar todo. Un artista de Portugal mencionó que no tenía que pagar impuestos sobre ganancias de capital en absoluto. Otro de Germany advirtió sobre la posible tasa del 28% para coleccionables en Estados Unidos si los NFTs eran reclasificados. La conversación fue reveladora.

Una cosa estaba clara: el IRS y otras agencias fiscales estaban prestando atención. Algunos de sus colegas ya habían recibido notificaciones de auditoría. "Están comenzando con billeteras de alto perfil", dijo alguien, "pero eventualmente vendrán por todos."

Sierra hizo cambios. Formó una LLC de un solo miembro, abrió una billetera empresarial exclusivamente para ventas NFT y comenzó a rastrear cada transacción — fecha, hora, valor y tarifas. Creó un sistema para registrar regalías y comenzó a reservar el 30% de todas sus ganancias para impuestos. Incluso empezó a asesorar a otros artistas, ayudándolos a navegar el confuso mundo de los impuestos sobre criptomonedas.

La creatividad seguía allí — la alegría de crear y compartir. Pero ahora estaba respaldada por estructura, estrategia y conciencia. Sierra ya no temía la temporada fiscal. Había convertido su éxito con NFTs en un negocio legítimo. Y con cada pieza que vendía, conocía no solo el valor de su arte — sino también cómo proteger la riqueza que generaba.

Capítulo 10: Preparándose para el Futuro: Tendencias Fiscales y Regulaciones Cripto que se Aproximan

A medida que las criptomonedas se vuelven parte de la corriente principal, los gobiernos ya no observan desde la distancia — están legislando, regulando y aplicando las leyes activamente. Lo que comenzó como un experimento financiero descentralizado ahora está en el radar de todas las principales autoridades fiscales del mundo. Inversionistas, empresas e incluso aficionados deben prepararse para un futuro donde el cumplimiento fiscal cripto se vuelva tan rutinario y detallado como las finanzas tradicionales. Comprender hacia dónde se dirigen las regulaciones, qué reformas se están proponiendo y cómo prepararse para el cumplimiento a largo plazo es esencial para navegar este panorama en evolución.

En Estados Unidos, varios desarrollos están transformando el panorama fiscal de las criptomonedas. La Infrastructure Investment and Jobs Act aprobada en 2021 introdujo definiciones más amplias de "brokers", potencialmente incluyendo exchanges descentralizados, proveedores de billeteras y plataformas cripto. A partir de 2025, estas entidades deberán emitir el Formulario 1099-DA, un nuevo documento diseñado específicamente para transacciones de activos digitales. Esto significa que los usuarios de criptomonedas pueden esperar el reporte directo de sus operaciones al IRS — de forma similar a cómo los inversionistas en acciones reciben reportes de plataformas como Robinhood o E*TRADE.

Otro desarrollo pendiente es la reclasificación de NFTs y ciertos tokens como objetos de colección o valores financieros, lo que podría conducir a tasas impositivas más altas y requisitos de reporte más estrictos. Por ejemplo, los activos coleccionables en Estados Unidos pueden gravarse con una tasa máxima del 28%, significativamente superior a las tasas de ganancias de capital a largo plazo. Mientras tanto, las discusiones sobre staking, minería y préstamos cripto están llevando a algunos reguladores a considerar estas actividades como ingresos similares a intereses o dividendos, con un tratamiento fiscal diferente al de las ganancias de capital.

A nivel internacional, la OECD está finalizando el Crypto-Asset Reporting Framework (CARF), que exigirá que las plataformas cripto compartan datos de usuarios entre jurisdicciones. Similar a FATCA y CRS en la banca tradicional, CARF busca reducir la evasión fiscal y aumentar la transparencia global. Los países participantes compartirán automáticamente detalles sobre tenencias cripto, operaciones y eventos de ingresos entre autoridades fiscales. Si eres nómada digital, inversionista o empresario que opera internacionalmente, esta transparencia creciente limitará la posibilidad de "esconderse" en países con baja regulación.

En Europa, la regulación MiCA (Markets in Crypto-Assets) está estableciendo un marco legal unificado en toda la Unión Europea. Aunque no es directamente una ley fiscal, MiCA prepara el terreno para controles más estrictos, responsabilidad de plataformas y documentación de transacciones — facilitando la aplicación de las leyes y aclarando las expectativas de reporte fiscal. A medida que estos marcos se implementen, se espera que las agencias fiscales europeas sigan con reglas paralelas para ganancias, pérdidas e ingresos derivados de criptomonedas.

Mirando hacia adelante, las stablecoins y las CBDCs (Monedas Digitales de Bancos Centrales) también podrían impactar la forma en que se calculan y reportan los impuestos. Si las stablecoins se vuelven totalmente reguladas e integradas en el sistema bancario tradicional, las transacciones realizadas con ellas podrían activar reportes instantáneos o deducciones fiscales automáticas — similares a las retenciones sobre nómina. Aunque esto podría simplificar ciertos aspectos del cumplimiento, también reduce privacidad y control.

Para mantenerse adelante de estos cambios, los participantes del ecosistema cripto deben adoptar hábitos preparados para el futuro. Primero, adopta una planificación fiscal proactiva. Esto significa utilizar software de seguimiento en tiempo real, mantener registros detallados de cada transacción cripto y categorizar actividades (trading, staking, airdrops, ingresos comerciales) a medida que ocurren — no apresurarse al final del año.

Segundo, diversifica tu riesgo fiscal. En lugar de depender únicamente de una jurisdicción o cuenta, explora estrategias legales como formar una entidad en un país favorable fiscalmente, utilizar múltiples billeteras para segmentación o consultar asesores fiscales internacionales si tienes ingresos globales. Con el creciente intercambio de datos entre países, el único enfoque seguro es el cumplimiento legal respaldado por estrategia.

Tercero, presta atención a la legislación propuesta, no solo a las leyes existentes. Los proyectos de ley relacionados con impuestos cripto se presentan regularmente, y lo que hoy es voluntario podría ser obligatorio el próximo año. Suscríbete a boletines, sigue actualizaciones de tu autoridad fiscal y asiste a webinars o conferencias para mantenerte informado.

Finalmente, defiende políticas fiscales justas para las criptomonedas. Como participante del espacio, tu voz importa. Muchas reglas fiscales propuestas hoy fueron escritas por personas con poca comprensión de la tecnología blockchain. Ya sea apoyando grupos de lobby cripto, educando a tus representantes o simplemente ayudando a otros a presentar correctamente sus impuestos, estás contribuyendo a un sistema más equilibrado y transparente.

El futuro de la tributación cripto será moldeado tanto por reguladores como por la comunidad cripto. Quienes se adapten temprano no solo evitarán sanciones — también se posicionarán para prosperar. El cumplimiento dejará de ser un obstáculo para convertirse en una ventaja competitiva.

Ahora revisemos la historia de Nico

Nico siempre había estado un paso adelante. Ingeniero de software convertido en estratega DeFi de tiempo completo, se enorgullecía de detectar tendencias antes de que se volvieran populares — staking, yield farming, NFTs, DAOs. Pero a medida que se acercaba 2025, se dio cuenta de que el juego estaba cambiando. No en términos de innovación, sino de regulación. Los días salvajes de la primera frontera cripto estaban desapareciendo. El mundo ahora observaba – y los gobiernos se estaban organizando.

Percibió el cambio por primera vez cuando su exchange con sede en Estados Unidos le envió una notificación: "A partir del próximo año, emitiremos el Formulario 1099-DA para reportar sus transacciones de activos digitales directamente al IRS." Se sintió como un golpe. Nico no ocultaba nada, pero siempre había disfrutado de la relativa privacidad de las criptomonedas. Ahora, las autoridades fiscales estaban cerrando el cerco – no solo en Estados Unidos, sino globalmente.

En una conferencia blockchain en Amsterdam, asistió a un panel titulado "El Ajuste Regulatorio de las Criptomonedas". Un abogado suizo explicó el nuevo Crypto-Asset Reporting Framework (CARF) de la OECD, donde exchanges de todo el mundo pronto comenzarían a compartir datos de usuarios entre fronteras. Un regulador de Germany dijo que estaban revisando los NFTs como posibles objetos de colección – posiblemente gravando ganancias hasta con un 28%. Un oficial de cumplimiento de Singapore reveló que las plataformas centralizadas pronto exigirían actualizaciones KYC en tiempo real y verificación de identidad fiscal.

"Esta es la nueva realidad", dijo el moderador del panel. "Las criptomonedas ya no son invisibles. Están integradas."

Nico sabía que tenía que evolucionar. Comenzó reestructurando su operación. Primero, actualizó su software fiscal a uno que se integraba con protocolos DeFi y plataformas NFT, no solo con exchanges centralizados. Configuró alertas para eventos imponibles en tiempo real y comenzó a presentar reportes trimestrales. Nunca más volvería al caos de hojas de cálculo de último minuto.

También consultó a un asesor fiscal especializado en cumplimiento internacional. Revisaron sus actividades en múltiples países — staking en Japón, participación en DAOs en Estonia e ingresos por proyectos de consultoría en Argentina. Lo ayudaron a elaborar un plan para establecer residencia fiscal clara en Portugal, donde las ganancias privadas en criptomonedas seguían exentas de impuestos, mientras aseguraban que no activara accidentalmente doble tributación en otros lugares.

El mayor cambio llegó cuando reorganizó sus contribuciones a DAOs. Anteriormente, le pagaban directamente en tokens a su billetera personal. Ahora, formó una LLC en Wyoming, canalizó sus ingresos a través de la entidad y se pagó un salario. Añadió algo de papeleo — pero también aportó claridad, deducciones y separación legal.

Cuando un amigo le preguntó si le preocupaba perder el espíritu descentralizado de las criptomonedas, Nico sonrió. “La misión no ha cambiado”, dijo. “Pero ahora tenemos que jugar en ambos mundos — dentro y fuera de la cadena. Si no nos adaptamos, los reguladores definirán las reglas sin nosotros.”

En un momento de reflexión, se dio cuenta de algo: durante años, la comunidad cripto había temido la regulación. Pero ahora, quienes la abrazaban eran los que avanzaban más rápido. Las firmas de capital de riesgo exigían tablas de capital limpias. Los protocolos contrataban CFOs. Los creadores rastreaban regalías con auditorías completas. El cumplimiento se había convertido en una ventaja competitiva — no en una debilidad.

Mientras observaba el futuro, Nico veía surgir una nueva generación de constructores — personas que entendían tanto Solidity como el código fiscal, que sabían programar contratos inteligentes y establecer DAOs legales. Ellos serían quienes liderarían la próxima ola.

Las criptomonedas ya no se trataban simplemente de esconderse del viejo sistema. Se trataban de mejorarlo – de manera transparente, estratégica y legal. Y para quienes estén dispuestos a aprender las reglas mientras ayudan a moldear el futuro, la oportunidad apenas comienza.

Convirtiendo el Conocimiento en Protección y Rentabilidad

A medida que cerramos este recorrido por el complejo mundo de la tributación y regulación de las criptomonedas, una verdad se vuelve absolutamente clara: las criptomonedas ya no son una economía en las sombras. Son un sistema financiero que madura rápidamente — uno en el que individuos y empresas inteligentes están utilizando el conocimiento, la estructura y el cumplimiento como herramientas poderosas para la creación de riqueza a largo plazo.

Al principio, el atractivo de las criptomonedas residía en su libertad: dinero sin fronteras, valor entre pares, sistemas descentralizados y la capacidad de evitar la fricción institucional. Pero la libertad sin responsabilidad es una ilusión de corta duración. Para los primeros usuarios, la falta de regulación pudo haber parecido liberadora. Para inversionistas, emprendedores y profesionales serios, ahora se siente como un riesgo.

La tributación, antes vista como una amenaza, se ha convertido en un filtro — separando a los usuarios casuales de los jugadores estratégicos. Quienes entienden cómo clasificar, reportar y planificar están preservando una mayor parte de sus ganancias. Están construyendo estructuras legales escalables, minimizando riesgos e incluso utilizando las leyes fiscales a su favor mediante deducciones, créditos y arbitraje jurisdiccional.

En el panorama actual, tener conocimientos fiscales es tan valioso como tener conocimientos tecnológicos. Quienes combinan ambos están en una posición única para liderar. Desde reportar correctamente airdrops y recompensas de staking hasta formar LLCs o mudarse a países favorables para las criptomonedas, la acción informada es la diferencia entre apagar incendios y construir imperios.

Pero esto es mucho más que impuestos — se trata de mentalidad. El cumplimiento no es solo papeleo; es claridad. Es saber que tu éxito es sostenible. Es eliminar la ansiedad de tus logros. Es la confianza de que ninguna auditoría, cambio de política o titular de noticias puede desestabilizar lo que has construido.

A medida que las criptomonedas se integran más profundamente en la corriente principal, la regulación no desaparecerá — se intensificará. Pero dentro de esa estructura existe una enorme oportunidad. Las naciones competirán por el capital cripto ofreciendo mejores reglas. Los inversionistas se moverán hacia países que recompensen la innovación. Los creadores y las empresas prosperarán en jurisdicciones donde la claridad reemplace al miedo.

Entonces, ¿qué sigue para ti?

¿Revisarás tu actividad pasada y corregirás errores antes de que sea demasiado tarde?

¿Comenzarás a utilizar software fiscal que rastree todo en tiempo real?

¿Consultarás a profesionales que entiendan tanto blockchain como derecho tributario?

¿Utilizarás el cumplimiento como estrategia para escalar globalmente con confianza?

Recuerda, la regulación no destruye las criptomonedas. Las legitima. Abre las puertas a una adopción más amplia, inversiones más grandes y apoyo institucional a largo plazo. Quienes se resistan siempre estarán reaccionando. Quienes se preparen siempre estarán un paso adelante.

Que este libro sea tu plano estratégico. Regresa a él con frecuencia. Úsalo para guiar tus decisiones, estructurar tus sistemas y educar a tu equipo. Compártelo con colegas que todavía creen que la estrategia fiscal es opcional. No lo es. Es esencial.

Tu viaje en las criptomonedas no termina aquí — apenas comienza. Ahora ya no eres solo un holder. Eres un estratega. Ya no solo estás en el juego. Estás jugando para ganar — y jugando inteligentemente.

www.ingramcontent.com/pod-product-compliance
Lightning Source LLC
LaVergne TN
LVHW040521210926
848480LV00007BA/1543